궁금했어,
영양소

궁금했어, 영양소

임지원 글 | 남동완 그림

12

나무생각

차례

1장
먹고 사는 일, 영양 7

네가 먹는 것이 바로 너 9
영양과 영양소 13
아주 약간의 화학 23

/ 궁금 pick / 알약 하나로 식사를 대체할 수 있을까? 32

2장
생명의 연료, 탄수화물 37

탄수화물의 종류 39
탄수화물의 소화, 흡수, 이용 54

/ 궁금 pick / 달콤한 비극: 설탕과 삼각 무역 56

3장
고기일까 기계일까, 단백질 61

복잡하고 정교한 단백질의 구조 63
단백질이 하는 일 69
단백질의 소화, 흡수, 합성 77
단백질, 무엇을 먹어야 할까? 79

/ 궁금 pick / 공기로 빵을 만든 과학자 82

4장
두 얼굴의 영양소, 지방 — 87

지방의 종류와 구조 — 89
지방의 역할 — 94
포화 지방산과 불포화 지방산 — 97
슈퍼스타, 오메가 3 — 103
좋은 콜레스테롤과 나쁜 콜레스테롤 — 106
지방의 소화와 흡수 — 110
/ 궁금 pick / 트랜스 지방의 흥망성쇠 — 112

5장
작은 거인, 비타민과 무기질 — 117

비타민의 발견 — 119
비타민의 종류 — 124
다량 무기질과 미량 무기질 — 135
/ 궁금 pick / 괴혈병과 최초의 임상 시험 — 144

작가의 말 — 149

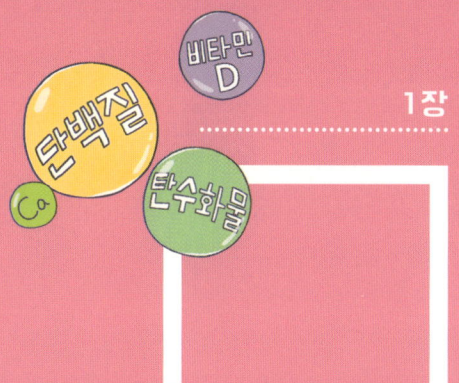

1장

먹고 사는 일, 영양

네가 먹는 것이
바로 너

먼저 영양소가 궁금해서 이 책을 집어 든 친구들, 많이 칭찬해 주고 싶어. 공기, 물, 햇빛과 같이 우리가 사는 데 없어서는 안 될 정도로 중요하고 또 중요하지만 항상 곁에 있어서 소중함을 모르는 것, '영양'이 바로 그런 것이 아닐까 해.

영양은 쉽게 말하면 '먹고 사는 일'이라고 할 수 있어. 아주 작은 박테리아부터 만물의 영장이라고 하는 사람까지, 모든 생물은 태어나서 죽을 때까지 계속해서 먹고, 살고, 먹고, 살고, 먹고, 살고를 반복하는 셈이야. 생물의 삶을 관찰해 보면 끊임없이 살기 위해서 먹고, 또 먹기 위해서 살고 있지. 이 먹고 사는 일이 바로 영양이란다.

인간의 역사 속에서 '영양학'이라는 학문도 공기, 물, 햇빛처럼 자연스럽게 함께해 왔어. 사냥한 동물과 나무 열매, 뿌리채소 등을 먹던 수

렵 채집 시대부터 농경 사회를 거쳐 인류의 삶이 조금씩 변화하는 동안, 무엇을 어떻게 먹을지에 관한 방법을 궁리하고 발전시켜 왔지. 학자들은 영양이라는 주제에 관해 연구하고 가설과 이론을 내놓았고, 그것이 오래된 문헌 속에 기록으로 남아 있어.

예를 들어, 아주 오래전 고대인들도 이미 관찰과 경험으로 어떤 음식이 부족하면 어떤 질병에 걸린다는 사실을 알고 있었지. 기원전 1500년 이집트의 파피루스에는 밤에 눈이 보이지 않는 환자에게 소의 간을 먹이라는 내용이 있어. 3세기 중국에서는 각기병 증상을 보이는 환자에게 콩을 먹이라는 처방이 남아 있지. 20세기에 들어서야 그 증상이 각각 비타민 A와 비타민 B1의 결핍증이라는 사실이 정확하게 밝혀졌어.

한편 많은 사람들은 영양학의 시조로 화학자 앙투안 라부아지에를 꼽는단다. 프랑스 혁명이 일어난 18세기 후반에 살았던 라부아지에는 물질이 산소와 결합하는 '산화' 현상, 그리고 산소와 격렬하게 반응해서 에너지를 내는 '연소' 과정의 연구로 화학사에 큰 업적을 남긴 과학자야. 라부아지에는 우리가 음식을 소화시키는 것이 호흡을 통해 들이마신 산소와 음식물이 반응해서 에너지를 내는, 본질적으로 연소와 매우 비슷한 과정이라는 사실을 알아냈어. 사람이 어떻게 음식을 연료로 에너지를 내는지 핵심적인 비밀을 알아냄으로써 영양학에 커다란 주춧돌을 놓은 셈이지.

산소의 존재조차 거의 알려져 있지 않던 시대에 실험과 천재적 통찰로 산화, 연소, 세포 호흡이라는 어렵고 복잡한 화학적 과정들을 관통하는 원리를 꿰뚫어 본 라부아지에는, 역사를 통틀어 가장 위대한 화학자라고 해도 손색이 없을 듯해. 그 이후로 영양학은 화학의 발전을 밑거름으로 삼아 한 발 한 발 발전해 왔지. 탄수화물, 지방, 단백질이라는 3대 영양소와 무기질 원소들의 기능이 차츰차츰 밝혀졌고, 20세기 초에 비타민이 잇달아 발견되면서 우리 몸에 꼭 필요한 영양소들이 무엇인지 알게 되었지.

이처럼 20세기 초까지 영양학은 우리가 건강하게 살아가기 위해 '반드시 먹어야 하는 것'에 초점을 맞추었어. 어떤 영양소가 결핍되면 어떤 병에 걸리는지 하나씩 찾아내는 방법으로 학문이 발전했지.

그로부터 100년쯤 지난 지금은 영양 결핍이 문제가 되는 경우는 많이 줄었어. 어쩌면 영양학의 위대한 승리라고도 할 수 있지. 대신 영양 과잉, 이를테면 지방이나 당을 지나치게 섭취해서 많은 사람들이 병에 걸리고 일찍 죽는 일이 벌어지고 있어. 우리가 무엇을, 얼마나, 어떻게 먹어야 할지에 대한 고민은 끝나지 않고 오히려 더 심각해졌단다.

"네가 먹는 것이 바로 너야.(You are what you eat.)"

서양에서 오랫동안 전해져 온 유명한 속담이야. 우리가 먹는 것이 우리 삶을 유지하고 우리 몸을 만들어 낸다는 의미지. 음식이 우리의 건강, 능력, 기분 등에 엄청난 영향을 주니까 몸에 좋은 음식을 잘 가려서 먹으라는 교훈이 담긴 말이고. 이 책에서 각각의 영양소에 관해 알아 가다 보면 이 말의 의미가 마음에 와닿을 거야.

영양과 영양소

영양을 '먹고 사는 일'이라고 했는데, 좀 더 정확한 정의를 알아볼까?

책이나 교과서를 읽으면서 만나는 단어, 용어의 뜻을 정확하게 알아두는 것은 공부를 잘하는 최고의 비법 중 하나야. 사전을 가까이 두고 (인터넷 사전도 좋아!) 모르는 단어, 또는 안다고 생각했지만 정확하게 의미를 말하기 어려운 단어를 만나면 꼭 찾아보는 습관을 들여야 해.

'영양'이라는 단어를 사전에서 찾아보면 '생물이 살아가는 데 필요한 에너지와 몸을 구성하는 성분을 외부에서 섭취해 소화, 흡수, 순환, 호흡, 배설을 하는 과정 또는 그것을 위해 필요한 성분'이라고 나와 있어. 그러니까 영양의 핵심은 '에너지를 내는 연료'와 '몸을 구성하는 재료'를 먹고 이용하는 것이라고 할 수 있겠지.

영양소는 이런 역할을 하는 외부 물질들, 즉 우리의 연료이자 재료

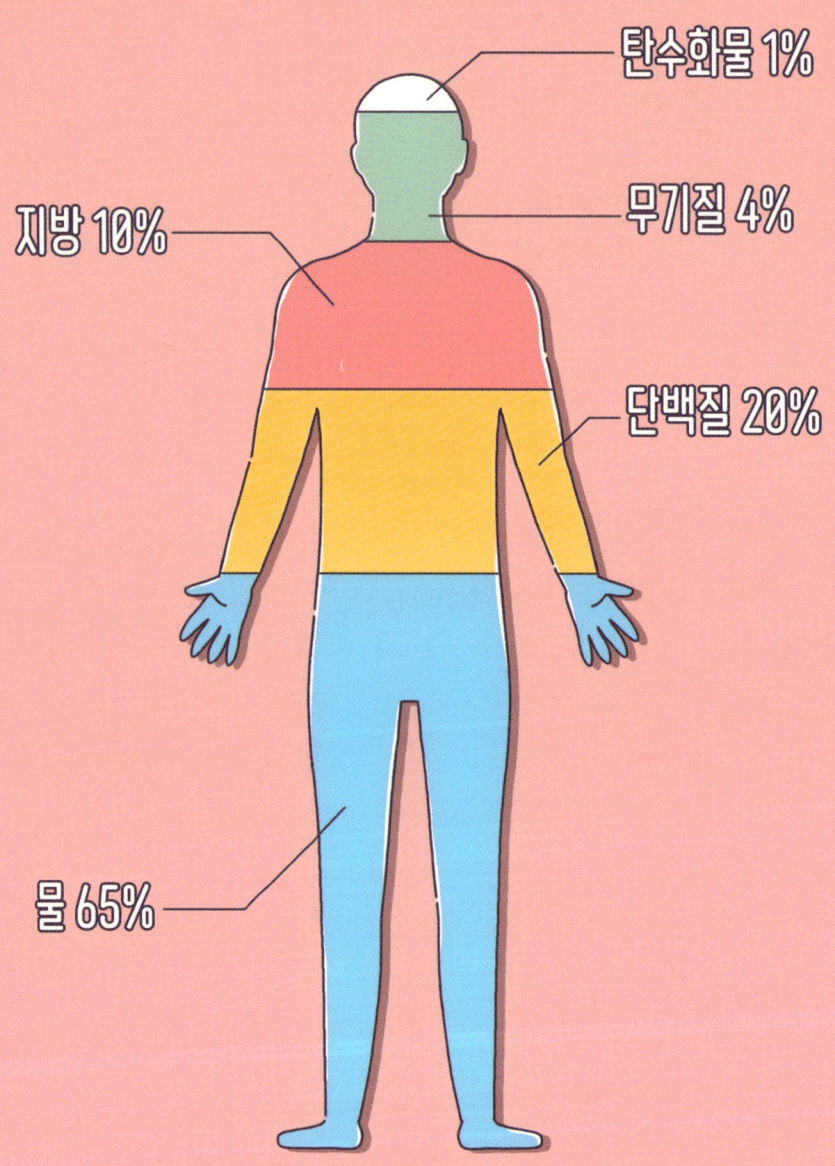

가 되는 물질이야. '네가 먹는 것이 바로 너'라고 했지? 실제로 영양소는 음식 속에 들어 있는, 우리가 사는 데 필요한 에너지원이기도 하지만 우리 몸의 구성 성분이기도 해.

우리 몸은 물 55~70%, 단백질 15~20%, 지방 10~20%, 무기질 4~6%, 탄수화물 1% 정도로 이루어져 있어. 바로 이 물질들, 그러니까 단백질, 탄수화물, 지방, 무기질을 영양소라고 해. 여기에 비타민을 더해서 5대 영양소라고 하지*. 각각의 영양소에 관해서는 뒤에서 하나씩 알아볼 거야.

다양한 생물의 다양한 영양

과학자들은 생물을 원핵생물계, 원생생물계, 식물계, 균계, 동물계라는 다섯 가지 커다란 범주로 나눈단다. 하지만 일단 우리는 동물, 식물, 미생물 정도로 나누어서 생각해도 괜찮아. 식물, 동물 그리고 미생물은 하나의 뿌리에서 진화되었기 때문에 영양에 있어서는 거의 비슷하지만, 다른 점들이 있기도 해.

생물의 세계인 생태계 안에서 모든 생물은 먹고 먹히는 먹이사슬로 연결되어 있어. 식물은 에너지의 연료이자 몸의 재료인 영양소를 만들어 내는 역할을 하기 때문에 '생산자'라고 해. 동물은 식물이나 다른 동물을 먹는 '소비자'이고, 식물이나 동물의 사체를 작은 조각으로 분해해 흙으로 만듦으로써 식물이 이용할 수 있도록 하는 미생물을 '분해자'

* 물을 영양소에 포함시켜 6대 영양소로 보는 경우도 있다.

라고 하지. 이렇게 생물의 몸을 구성하고 생물이 살아가는 에너지를 공급하는 물질은 생태계 안에서 돌고 돌며 순환한단다.

무에서 유를 창조하는 식물

식물은 걷지도 뛰지도 움직이지도 못해. 하지만 에너지 활용이라는 기준으로 보자면 지구에서, 어쩌면 우주 전체에서 가장 놀랍고 혁신적이고 뛰어난 생물일 거야.

식물은 '엽록소'라는 색소를 가지고 있어서 '광합성'을 할 수 있어. 광합성이란 빛을 이용해 물질을 만들어 낸다는 의미지. 식물이 광합성으로 만들어 내는 물질이 바로 '포도당'이야. 포도당은 식물이 에너지를 저장해 두었다가 꺼내 쓰는 것인데, 빛 에너지를 포도당의 화학 에너지로 바꾸어 저장하는 거지.

물론 다른 재료 없이 빛만 가지고 포도당을 '뿅' 하고 만들어 내는 것은 아니야. 식물은 뿌리에서 흡수한 물과 공기 중의 이산화탄소를 흡수해 포도당을 만들고 부산물로 산소를 내놓지. 이렇듯 식물은 거의 공짜나 다름없는, 지구 어디에나 존재하는 물, 공기, 햇빛을 이용해서 우리의 밥과 빵을 만들어 내. 또 우리가 배출하는 이산화탄소를 흡수하고 우리가 숨 쉴 산소를 주기도 해. 식물은 정말 위대한 마법사이자 아낌없이 주는 나무라고 할 수 있지.

식물처럼 다른 생물의 도움 없이 스스로 필요한 영양소, 특히 에너지를 만들어 살아가는 생물을 '독립 영양 생물'이라고 해.

먹고 먹히는 동물

식물이 독립 영양 생물이라면, 반드시 다른 생물을 먹어야 살아갈 수 있는 것이 동물의 운명이야. 동물 중에서도 식물만 먹고 살아가는 초식 동물은 1차 소비자, 초식 동물을 잡아먹는 작은 육식 동물은 2차 소비자, 최상위 포식자인 사자, 호랑이와 같은 맹수는 3차 소비자로 나누기도 하지. 어찌 되었든 동물은 다른 생물을 먹어야만 생명을 유지할 수 있어서 '종속 영양 생물'이라고 해.

우리에게 필요한 5대 영양소가 단백질, 탄수화물, 지방, 비타민, 무기질이라고 했지? 다른 동물도 생명 유지에 필요한 영양소는 비슷해. 다만 초식 동물의 경우 장속 미생물의 도움을 받아 풀을 소화해 영양을 섭취할 수 있고, 육식 동물은 에너지를 지방이나 단백질에서 얻고 꼭 필요한 포도당은 간에서 합성하는 등 각자 먹고 사는 방식과 몸의 구조는 조금씩 다르게 진화되어 왔지.

끝과 시작의 연결 고리, 미생물

동물이든 식물이든 모두 죽으면 썩어서 흙으로 돌아가는 것이 자연의 이치야. 이 과정을 담당하는 것이 박테리아나 곰팡이와 같은 미생물이지. 미생물은 생물의 사체를 분해해 자신이 원하는 화학 물질, 즉 영양소를 흡수해서 살아가거든.

미생물은 대개 단세포 생물, 즉 세포 하나로 이루어진 생물이야. 지구에서 생겨난 가장 오래되고 원시적인 생물이면서 지금도 가장 많이

존재하는 생물이지. 세균이라고도 부르는 박테리아는 종류도 다양하고, 양적으로도 탄소를 기준으로 하는 생물량*으로 따지면 인간 전체 무게의 1,200배라는 연구 결과가 있어. 펄펄 끓는 온도의 심해 분출공이나 강력한 염산이 뿜어져 나오는 인간의 위에서도 살아가는 세균이 있으니까. 이처럼 세균은 가혹하고 특이한 환경에도 적응해 살아남아 왔어. 그래서 스티븐 제이 굴드라는 생물학자는 '지구의 지배자는 인간이 아니라 박테리아다.'라고 말했지.

미생물은 환경에 맞추어 다양한 영양 방식을 개발해 왔어. 식물처럼 광합성을 할 수 있는 독립 영양 미생물도 있고, 동물처럼 유기물 형태의 탄소를 섭취해야 하는 종속 영양 미생물도 있어.

우리의 몸에도 수많은 박테리아들이 살고 있어. 구불구불한 장은 방대한 미생물의 생태계라고 할 수 있지. 어떤 박테리아는 우리 몸을 해치고 목숨도 앗아 갈 수 있지만, 유익한 박테리아는 장에서 미처 소화하지 못한 물질을 분해해 우리에게 필요한 물질로 만들어 주기도 해. 어마어마한 번식력을 자랑하는 미생물은 우리 장속에서 계속 분열하고 자라나고 교체되지.

대변에서 수분을 뺀 무게의 30%를 차지하는 것이 박테리아일 정도야. 물론 대부분 죽은 박테리아이고 나머지는 소화가 되지 않는 섬유질, 소화가 덜 된 영양소, 죽은 장 점막 세포, 무기 물질과 소화액 등이지.

한편 사람의 몸 바깥에서도 미생물은 우리의 영양에 도움을 주고 있어. 된장, 김치, 요

---

*생물량 탄소 무게를 기준으로 생물의 양을 계산하는 단위. '바이오매스'라고도 한다.

거트, 치즈, 이런 음식의 공통점이 뭔지 아니? 바로 '발효 식품'이지. 미생물이 식품을 분해해 독특한 물질을 내놓는 것이 바로 발효야. 미생물이 음식을 분해한 결과물이 불쾌하면 부패, 즉 썩는 것이고, 결과물이 우리 입맛과 건강에 좋은 것이면 발효인 거지. 좋은 균, 나쁜 균, 이상한 균 등 미생물의 세계는 인간 세계보다 더 다양하기 때문에 미생물은 우리의 친구가 될 수도 있고 적이 될 수도 있단다.

아주 약간의 화학

"네가 먹는 것이 바로 너야."

영양의 중요성을 강조하는 이 말을 화학적 맥락에서 생각해 보자. 화학이라고 하면 어렵고 복잡하고 골치 아픈 과목이라고 생각하기 쉽지. 그런데 어렵게 생각할 필요가 없어. 화학이란 나를 둘러싼 세상의 모든 것을 가상의 확대경을 가지고 확대하고 또 확대해서 분자와 원자 수준에서 바라보는 거야. 영양소와 우리의 몸을 화학의 눈으로 바라보면, 즉 분자와 원자 수준에서 바라보면, '영양소=우리 몸'이라고 할 수 있거든.

그럼 먼저 원자와 분자에 관해서 조금 알아볼까?

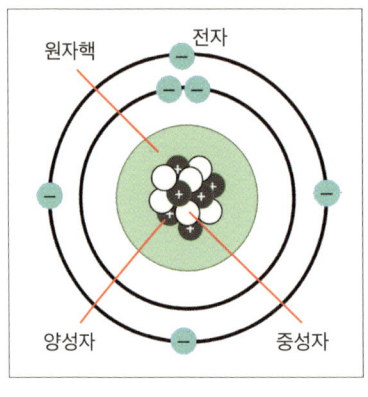

원자의 구조(탄소)

원자

원자란 물질을 이루는 가장 기본적인 입자(알갱이)야. 19세기까지만 하더라도 사람들은 원자를 더 쪼갤 수 없는 기본 단위라고 생각했어. 그런데 이후 사람들은 원자가 원자핵과 전자로 이루어져 있고, 원자핵은 또 양성자와 중성자로 이루어져 있다는 것을 알게 되었어. 원자핵 주변을 전자들이 둘러싸고 있지.

원자와 원소는 어떻게 다를까? 원소는 성분, 종류를 의미하고 원자는 개별적이고 구체적인 알갱이를 말해. 예를 들어 볼게. '사람'이라고 하면 머릿속에 떠오르는 개념이 있지? 원소는 그것과 비슷해. 그런데 사람 중에 나, 우리 엄마, 내 옆자리의 짝꿍, 이렇게 하나하나의 진짜 사람들이 있지? 이것이 원자야. 이제 구체적인 알갱이를 가리킬 때는 원자, 개념을 가리킬 때는 원소라는 용어를 사용할게.

분자

조그마한 원자들이 화학 결합으로 연결되면 분자가 돼. 분자는 물질 고유 성질을 유지하는 최소 단위야.

예를 들어 완전히 순수한 물 한 방울을 상상해 볼까? 상상의 칼로 물

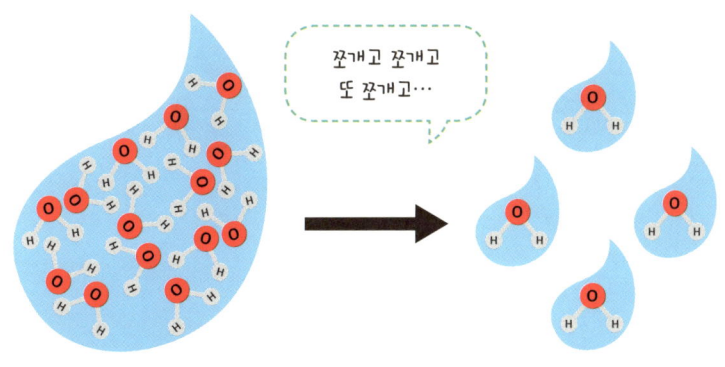

물 분자

을 점점 작게 자르다 보면 마지막에는 더 이상 자를 수 없는 1개의 물 분자가 남겠지? 순수한 물방울은 쪼개고 쪼개도 물의 성질을 잃어버리지 않고 간직하지.

"물 분자가 더 이상 자를 수 없는 마지막 입자라고? 내가 아는 물 분자는 H_2O, 그러니까 수소(H) 원자 2개와 산소(O) 원자 1개로 이루어졌는데?"

이런 의문이 생길 거야. 맞아. 물 분자는 산소와 수소로 이루어져 있기 때문에, 전기 분해*를 하면 수소와 산소가 만들어져. 그런데 이때 만들어지는 수소와 산소는 물의 성질과 아무런 관계가 없어. 완전히 다른 성질을

> *전기 분해 물에 전극을 넣어 전류를 흘리면 양쪽 극에서 각각 수소와 산소가 발생한다. 전기 에너지로 물 분자가 쪼개지기 때문이다.

가진 물질인 거지. 각각 수소 분자(H_2)와 산소 분자(O_2)가 되는 거야.

자, 이제 원자와 분자의 차이를 이해할 수 있겠지? 원자는 물을 구성하는 수소, 산소처럼 모든 물질을 구성하는 기본 입자이고, 분자는 물질 고유의 성질을 유지하면서 물질을 구성하는 최소 단위야. 원자들이 다양하게 모여 분자를 이루고, 그 분자들이 다양하게 섞여서 우리 주위의 세상, 그리고 우리 몸도 만들고 있지.

그렇다면 우리를 이루는 분자들은 어디서 오는 걸까? 바로 우리가 먹고 마시는 것에서 오지. 그러니까 거듭 강조하자면 "네가 먹는 것이 바로 너"란다.

몸을 이루는 원소들

우리가 먹는 음식 속에 들어 있고, 또 우리의 몸을 이루는 물질에는 뭐가 있을까? 앞에서 말했듯, 무게나 부피 등 양으로 따져볼 때 주요 물질에는 물, 단백질, 지방, 탄수화물 등이 있지. 그렇다면 이들 분자를 이루고 있는 원소 몇 가지만 알아볼까?

수소(H), 탄소(C), 산소(O), 질소(N)

이 책을 읽는 동안 이렇게 네 가지의 원소들을 꼭 기억해야 해. 왜냐하면 이들이 바로 우리 몸을 이루는 원소이자 우리가 먹는 맛있는 음식을 이루고 있는 원소들이거든. 수소는 영어로 Hydrogen(하이드로젠)이어서 기호 H로 나타내. 탄소(Carbon)는 C, 산소(Oxygen)는 O, 질소(Nitrogen)는 N으로 나타내지.

공과 막대기 모형

분자는 '공과 막대기 모형(Ball-and-Stick Model)'으로 나타내기도 해. 어릴 때 가지고 놀던 장난감과 비슷하게 생긴 모형이야. 각각의 원자를 크기와 색이 다른 공으로 나타내고, 원자와 원자 사이의 공유 결합을 막대기로 나타내는 거지.

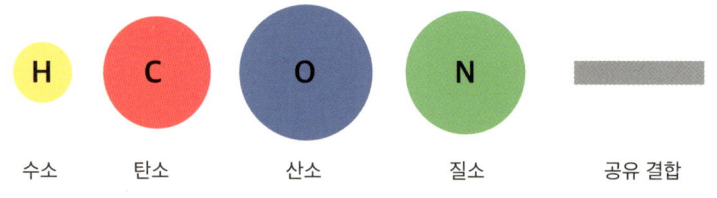

공과 막대기 모형

수소, 탄소, 산소, 질소를 각각 노란색, 빨간색, 파란색, 초록색 공으로 나타내고 원자들이 손(전자)을 하나씩 내밀어서 잡은 '결합'을 막대기 하나로 나타내는 거야. 앞으로 우리가 만날 중요한 분자들을 이런 모형으로 그려 본다면 오래오래 기억할 수 있겠지?

수소, 탄소, 산소, 질소는 각각 다른 원자들과 손잡을 팔(다른 원자와 결합할 전자)을 1개, 4개, 2개, 3개를 가지고 있어.

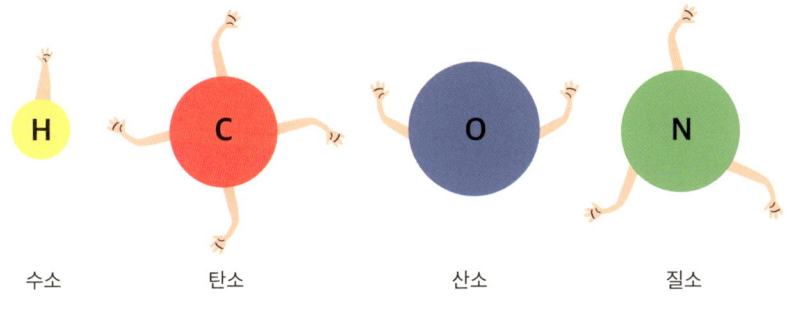

팔 달린 원자들

탄소

다른 원자들과 손을 잡을 수 있는 팔을 4개 가진 탄소는 원자 세계에서 협력의 왕이라고 할 만한 존재야. 탄소는 무엇보다 다른 탄소와 손잡기를 좋아해. 탄소와 탄소들이 손을 잡고 늘어서서 다양한 길이와 모양의 분자 사슬을 만들지. 우리가 앞으로 알아볼 탄수화물, 지방, 단백질도 탄소 사슬을 뼈대로 가진 물질이야. 그뿐만 아니라 차에 넣는 휘발유와 같은 온갖 종류의 연료들, 비닐봉지나 일회용 용기와 같은 온갖 플라스틱도 모두 탄소 구슬이 줄줄이 연결된 분자란다.

탄소를 중심으로 하는 물질의 세계를 다루는 학문을 '유기 화학'이라고 해. '유기'라는 말에는 '생명이 있는'이라는 의미도 있단다. 유기물, 유기체, 유기농······. 이런 단어를 들어 봤지? 생물을 구성하는 물질이 탄소 화합물이기 때문이야.

산소

우리의 생명을 유지하는 데 꼭 필요한 공기 중의 산소는 산소 원자 2개가 각각 2개의 손을 맞잡은(이중 결합으로 연결된) 분자야. 똑같이 산소라고 불러도 맥락에 따라 산소 원소 또는 산소 원자를 가리킬 때도 있고 O_2라고 하는 산소 분자를 가리킬 때도 있어. 산소의 두 팔에 수소가 하나씩 매달려 있는 분자는 우리 삶에 없어서는 안 될 중요한 분자, 바로 물이지.

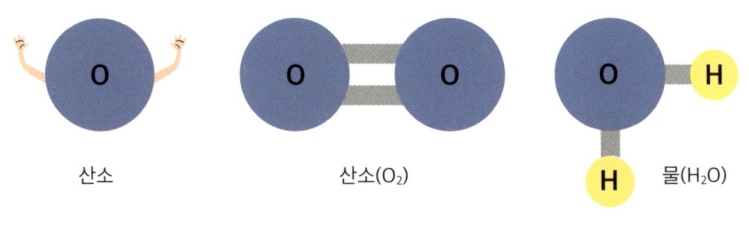

산소와 산소로 이루어진 분자들

질소

공기 중에 가장 많은 양을 차지하고 있는 기체인 질소는 어떨까? 3개의 팔을 가진 질소는 팔을 뻗어 다른 질소의 3개 손과 맞잡아 삼중 결합을 만들어. 또 질소의 팔에 수소 3개가 매달린 분자는 암모니아인데, 인류 역사에서 중요한 의미를 갖는 분자란다. 뒤에서 설명할게.

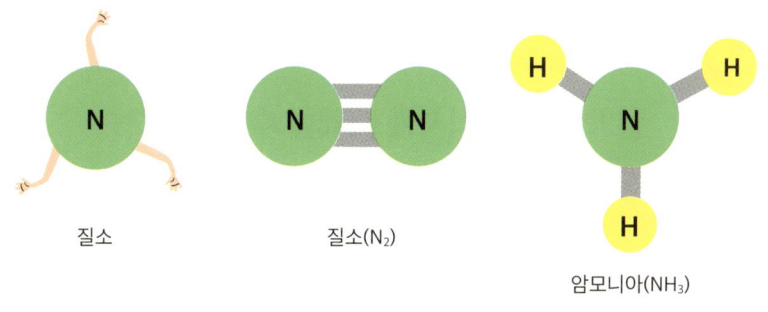

질소와 질소로 이루어진 분자들

수소

1개의 팔을 가진 쪼꼬미 원자 수소! 수소는 다른 원자에 팔 하나가 남으면 가서 매달린단다. 탄소, 산소, 질소 모두 수소와 손을 잡고 중요한 물질을 만들지. 이렇게 비유적으로 말했지만 원자들이 잡고 있는 손을 놓고 새로운 손을 잡는 것이 바로 '화학 반응'이야. 화학 반응은 열, 압력, 촉매 등 엄청나게 복잡한 조건에 따라 이루어지지.

이제 수소, 탄소, 산소, 질소 네 가지 원소가 어우러져 만든 분자들이 음식과 우리 몸속에서 어떤 역할을 하는지 하나씩 알아보자.

알약 하나로 식사를 대체할 수 있을까?

아주 오래전부터 공상 과학 소설이나 미래 예측에서 빠지지 않고 등장하는 것 중에 '식사를 대체하는 알약'이 있었어. 문화와 기술이 발전하면서 인간의 노동은 기계로 대체되거나 자동화되었어. 하지만 식사를 준비하는 과정은 여전히 사람 손이 아주 많이 가는 일이야. 그래서 식사를 대체할 알약이 나온다면 엄청난 인기를 끌 수 있을 것 같은데, 과학자들은 왜 만들어 내지 못할까? 크게 두 가지 이유가 있어.

첫째, 알약 형태는 좀 곤란해.
우리가 먹는 음식과 음식 속의 영양소는 에너지를 내는 연료와 몸의 재료로 쓰여. 특히 연료로서의 영양소는 매일매일 우리가 써서 없애 버리기 때문에 계속해서 공급해 주어야 해.

하루에 필요한 열량은 사람마다 다르지만 성인의 경우 대략 남자 2,500kcal(킬로칼로리), 여자 2,000kcal 정도야. 청소년의 경우 남자는 2,500~2,700kcal, 여자는 2,000kcal 정도이고. 그러니까 아주 어린 아이들을 빼면 대략 2,000kcal 이상은 섭취해야 해.

그럼 2,000kcal를 얻기 위해 무엇을 얼마나 먹어야 할지 간단하게 계산해 보자. 탄수화물과 단백질은 1g이 4kcal의 열량을 낼 수 있고 지방은 1g이 9kcal를 낼 수 있지. 식사 중의 탄수화물, 단백질, 지방의 비율은 국가나 개인마다 차이가 많아. 연구 결과에 따르면 우리나라 성인은 평균적으로 탄수화물 약 67%, 지방 약 17%, 단백질 약 14%의 비율로 영양을 섭취해. 그런데 우리나라 영양소 섭취 기준에 따르면 탄수화물을 총 에너지의 55~65%, 단백질 7~20%, 지방 15~30%로 권고하고 있어. 숫자를 좀 더 단순화해서 탄수화물:단백질:지방을 약 6:2:2로 섭취한다고 가정해 볼게.

탄수화물
  하루 필요 열량: 2,000kcal × 0.6 = 1,200kcal
  하루 필요 섭취량: 1,200kcal ÷ 4kcal = 300g
단백질
  하루 필요 열량: 2,000kcal × 0.2 = 400kcal
  하루 필요 섭취량: 400kcal ÷ 4kcal = 100g
지방
  하루 필요 열량: 2,000kcal × 0.2 = 400kcal
  하루 필요 섭취량: 400kcal ÷ 9kcal = 44g

우리가 하루 동안 생활하고 생명을 유지하는 데 필요한 열량을 얻기 위해서 적어도 450g 정도의 탄수화물, 단백질, 지방이라는 연료를 공급해야 한다는 의미야. 게다가 이 무게는 물을 뺀 건조 중량 기준이지. 실제로 우리가 먹는 음식의 양은 수분과 섬유질 등이 포함되어 있기 때문에 이보다 훨씬 많아.

만일 알약으로 이 정도 양을 먹으려면 대체 몇 알을 먹어야 할까? 계산해 보면 적어도 한 끼에 알약 150~200개를 먹어야 되기 때문에 알약은 불가능하지.

둘째, 정말 식사를 대체하고 싶을까?

사실 밥과 반찬 같은 음식을 번거롭게 차려 놓고 먹는 것을 대체하는 대체식 제품은 이미 나와 있어. 알약은 아니고 우유와 비슷한 진한 액체 상태로 되어 있는 제품이 많지. 음식을 제대로 씹거나 삼키기 어려운 노인이나 환자들을 위한 제품이야.

그런데 왜 사람들은 이런 제품으로 식사를 완전히 바꾸지 않고 보조적으로만 사용하는 걸까? 우선 먹는 즐거움은 포기할 수 없기 때문이야. 모든 생물은 살기 위해 먹지만 또한 먹기 위해 산다고 할 수 있을 만큼, 먹는 즐거움은 우리의 강력한 본능이거든.

설령 먹는 즐거움을 중요하게 여기지 않는다고 해도 건강을 위해서라면 되도록 덜 가공된, 자연에 가까운 식품을 골고루 먹는 것이 좋아.

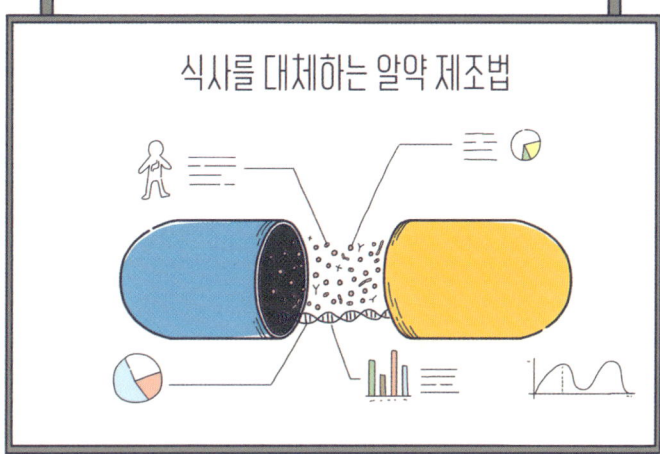

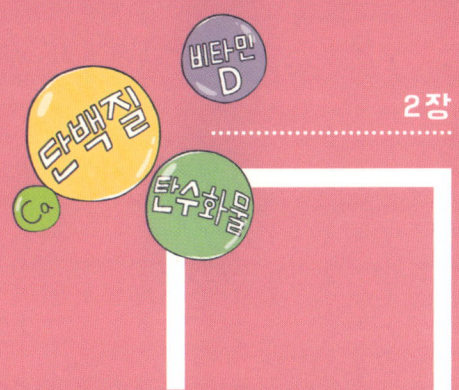

2장

생명의 연료, 탄수화물

탄수화물의 종류

'탄수화물'이라고 하면 뭔가 딱딱하고 어렵고 까칠하게 느껴지는 이름이지? 하지만 알고 보면 우리가 좋아하는 달콤한 설탕, 촉촉한 쌀밥, 보드라운 국수와 밀접한 관련이 있는 영양소야.

'탄수화물'은 영어 'carbohydrate(카르보하이드레이트)'를 한자어로 옮긴 것이지. 이 이름에 숨겨진 의미를 찾아보면, 먼저 '탄'은 '탄소(carbon)'라는 의미이고 '수화물'은 '물을 포함하고 있다(hydrate)'는 뜻이야. 풀어 쓰자면 '물을 포함한 탄소'가 되겠지? 이런 이름이 붙은 이유는 탄수화물을 원소로 분해했을 때 탄소와 수소와 산소가 1:2:1의 비율로 나왔기 때문이야. 당시 과학자들은 탄소(C)와 물(H_2O)이 합쳐진 것이라고 생각해서 이런 이름을 붙였다고 해. 그런데 사실 탄소와 물이 합쳐진 화합물은 아니고, 탄소, 수소, 산소로 이루어진 분자야.

탄수화물은 크기에 따라서 단당류, 이당류, 올리고당, 다당류로 나눌 수 있어. 모두 이름에 '당'이 들어가 있어서 탄수화물을 당류라고 부르기도 해. 단당류는 당이 1개, 이당류는 당이 2개, 다당류는 당이 여러 개인 탄수화물을 말해. 당은 보통 단맛을 내는 물질이야. 그런데 쌀밥, 국수, 감자 등에 들어 있는 다당류인 녹말은 전혀 달지 않잖아. 왜 그럴까? 먼저 단맛이 잘 나는 단당류에 대해 알아보자.

단당류의 대표 주자 포도당

포도당은 우리가 꼭 알아야 할 중요한 단당류야. 탄수화물 세계의 주인공이라고 할 수 있지. 어쩌면 탄수화물은 포도당의, 포도당에 의한, 포도당을 위한 영양소라고 해도 무리가 없을 거야.

포도당은 포도에서 처음 발견되었기 때문에 이런 이름을 갖게 되었다고 해. 먼저 포도당이 어떻게 생겼는지 알아볼까? 앞에서 얘기한 공과 막대기 모형을 가지고 포도당을 만들어 보자.

진짜 모형을 가지고 만든

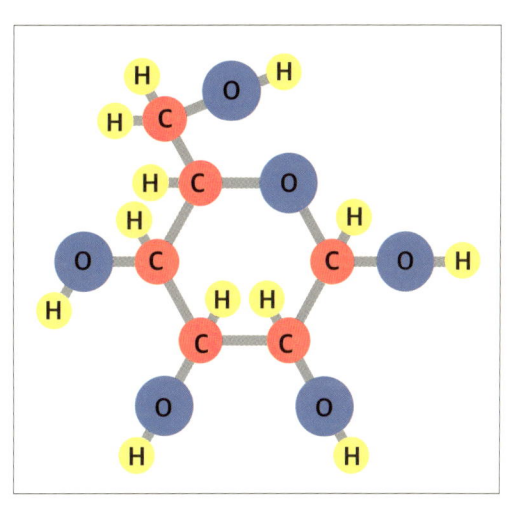

공과 막대기 모형으로 나타낸 포도당

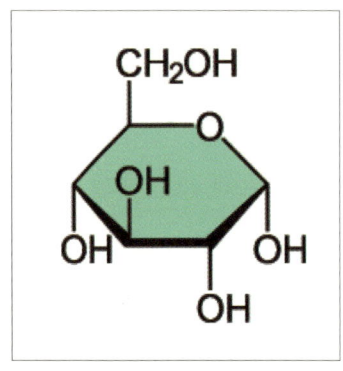

포도당의 분자식

다면 물이나 이산화탄소와 같이 조그만 분자보다는 시간이 꽤 걸리겠지? 그래서 과학자들은 자주 반복되는 탄소(C)와 탄소에 붙은 수소(H)는 빼고 결합과 다른 원소들만 표시하는 방법으로 분자를 그리기로 약속했어. 그 방법으로 포도당을 나타내면 옆과 같아.

녹말, 단백질 그리고 우리 유전자가 담겨 있는 DNA나 RNA 등의 고분자 물질은 보통 구슬을 꿰어 만든 목걸이에 많이 비유해. 작은 분자들을 줄줄이 사슬처럼 연결해서 만들어진 분자거든. 포도당은 육각형 고리 모양의 분자라 분자 모형으로 나타냈을 때 동글동글한 구슬처럼 보여. 이 구슬들이 줄줄이 연결되어 녹말이나 셀룰로스와 같은 거대한 다당류를 이루지.

과당과 갈락토스는 포도당의 형제자매뻘 되는 단당류야. 생긴 게 포도당이랑 비슷하지만 어딘가 조금씩 다른 친구들이라고 보면 돼. 이들은 포도당과 함께 이당류를 만들어.

원플러스 원, 이당류

단당류 2개가 연결된 탄수화물을 이당류라고 해. 포도당과 과당이 결합하기도 하고 포도당 2개가 결합하기도 하지.

설탕

하얗고 반짝거리고 달콤한 맛을 내는 마법의 가루, 설탕! 설탕은 포도당과 과당이 결합한 이당류야. 사탕수수나 사탕무를 잘게 잘라서 즙을 내고 여기에 석회를 넣어서 불순물을 가라앉혀 제거한 다음, 남은 액체를 끓여서 물을 증발시키면 설탕이 남아.

지금은 설탕이 필수 조미료로 자리 잡았고, 온갖 가공식품과 요리에 듬뿍듬뿍 들어가서 건강을 해치는 주범으로 지목받고 있지만 인류 역사에서 오랫동안 설탕은 일부 왕족과 귀족, 부자들만 먹을 수 있는 귀한 식재료였지.

젖당

'유당' 또는 '락토스'라고도 불리는 젖당은 포도당과 갈락토스가 결합한 이당류야. 이름에서 알 수 있듯, 젖당은 우유, 모유 등 포유류의 젖에 들어 있어. 포유류의 새끼들이 다른 음식을 먹을 수 있을 때까지 섭취하는 유일한 탄수화물이지.

젖당은 아기의 몸속에서 포도당과 갈락토스로 분해되는데, 이것을 돕는 것이 유당 분해 효소야. 그런데 원래 사람은 아기 때만 젖을 먹도록 진화되었기 때문에 자라면서 점차 몸에서 유당 분해 효소가 줄어들기도 해. 그럴 때 우유를 마시면 속이 불편하거나 설사를 하게 되지. 이렇게 젖당이 풍부한 음식을 잘 소화하지 못하는 증상을 '유당 불내증'이라고 해.

인류는 염소젖이나 우유 등의 음식을 발효시켜 먹는 방법을 발견했어. 젖당이 포도당과 갈락토스로 분해된 다음 발효되어 '젖산'이 되거든. 우유를 발효시킨 요거트에서 새콤한 맛이 나는 것은 이 젖산 때문이야. 한 걸음 더 나아가 젖산이 우유의 단백질인 '카세인'을 응고시켜서 굳힌 것이 바로 치즈란다. 요거트나 치즈에서는 젖당이 분해된 상태이기 때문에 유당 불내증이 있는 사람도 불편 없이 먹을 수 있지.

맥아당

'말토스'라고도 하는 맥아당은 포도당 2개가 연결된 이당류야. 설탕이나 젖당이 자연에 원래부터 존재하는 거라면 맥아당은 다당류인 전분을 분해해서 얻어진 결과물이지. 맥아당의 이름을 잘 살펴봐야 해. '맥아'는 보리를 뜻하는 '맥(麥)', 새싹을 뜻하는 '아(芽)'가 합쳐진 단어야. '보리 싹'이라는 뜻이지. 맥아당을 순우리말로 번역해 보면 '보리싹달코미' 정도 되지 않을까? 이 말에 맥아당의 존재와 역사가 모두 들어 있단다.

설탕을 구하기 힘들었던 우리 조상들은 쌀이나 곡물에 보리 싹을 넣어서 엿과 조청을 만들었어. 곡물 속에 풍부한 전분을 보리 싹에 들어 있는 효소가 분해해서 단당류인 포도당이나 이당류인 맥아당이 되거든. 이 과정을 거치면 쌀이 달콤한 엿이 되는 거야.

그런데 왜 보리 싹에 전분을 분해하는 효소가 들어 있을까? 식물은 잎에서 광합성으로 포도당을 만들어 씨앗(곡물)이나 뿌리에 녹말 형태로 저장해. 그런데 씨앗에서 싹이 틀 때면 녹말에서 포도당 분자를 하나씩 떼어 내서 에너지를 얻는 데 써야 되겠지? 그래서 녹말을 분해하는 효소가 보리 싹에 풍부하게 들어 있는 거야.

에너지의 주된 연료, 다당류

이당류가 2개의 단당류로 이루어진 물질이라면 다당류는 뭘까? 2개 이상의 단당류가 결합한 탄수화물을 모두 일컫지. 대표적인 다당류가 녹말이야.

녹말

녹말은 전분과 같은 말이야. 우리는 녹말을 통해 주로 에너지를 얻어 왔어. 물론 지방과 단백질에서도 에너지를 얻을 수 있지만, 우리가 생명을 유지하고 활동하는 데 드는 에너지의 주된 연료는 탄수화물, 그중에서도 녹말이야.

녹말은 식물이 광합성을 통해 만든 포도당을 줄줄이 연결해 놓은 것이라고 했지? 식물의 몸속에서 포도당으로부터 녹말이 만들어지고, 동물과 우리 몸속에서 녹말은 다시 포도당으로 분해된 다음 에너지를 내는 연료로 쓰이는 거지.

녹말은 어디에 들어 있을까? 우리가 먹는 밥, 빵, 국수의 재료인 쌀, 밀, 간식으로 먹는 감자, 고구마, 옥수수 그리고 호두, 아몬드와 같은 견과류, 콩이나 팥 같은 잡곡 등에 풍부하게 들어 있지. 이처럼 녹말이 많은 식품 재료는 식물의 씨앗이나 뿌리, 또는 덩이줄기 등 식물이 에너지를 저장하는 장소라는 공통점이 있어. 또 이 식품들은 우리가 주

식으로 섭취해 왔거나 곡물이 부족할 때 주식 역할을 했던 식품이기도 해. 그러니까 녹말은 식물 입장에서는 에너지 저장소이고, 우리 입장에서는 살아가는 데 쓰는 에너지의 공급원이지.

그런데 포도당이나 설탕은 엄청 달콤한데, 밥이나 국수는 왜 달지 않을까? 포도당, 과당, 설탕, 맥아당과 같이 크기가 작은 분자가 우리 혀의 미뢰에 있는 단맛 수용체에 꼭 맞아떨어질 때 우리가 달콤한 맛을 느끼게 돼. 그런데 녹말은 포도당을 모두 연결해서 묶어 놓았기 때문에 일단 물에 녹지 않고, 미뢰의 단맛 수용체와 결합할 수도 없어. 그래서 초콜릿이나 사탕은 입에 넣자마자 달콤하지만, 밥이나 국수는 달게 느껴지지 않는 거야.

녹말의 호화와 노화

우리는 쌀, 밀, 잡곡, 감자, 고구마, 옥수수 등 전분이 풍부한 식품을 그대로 먹기보다는 대부분 끓이거나 찌는 등 조리해서 먹지. 왜 그럴까? 쌀을 생각해 봐. 생쌀은 먹기 힘든데, 쌀을 물과 함께 끓여 밥을 지으면 촉촉하고 보드랍고 먹기 좋기 때문이야. 이것을 전분의 '호화'라고 해.

전분은 포도당이 줄줄이 연결된 거대한 사슬과 같은 분자잖아. 이런 사슬이 차곡차곡 포개져서 결정과 비슷한 상태, 반결정* 상태를 이루고 있지. 그런데 물과 함께 열을 가하면, 마치 지퍼를 열듯 차곡차곡 포개져 있던 사슬들의 간격이 벌어지고 그 사이에 물 분자가 들어가면서 전분 분자가 부풀어 오르고 부피가 커져. 전분을 가지고 반결

> *결정 원자들이 똑바로 줄을 서서 규칙적으로 배열한 상태. 설탕이나 소금, 광물질, 금속 등이 결정을 이룬다.

정 상태로 만든 것이 도토리묵이나 메밀묵이고, 젤라틴이라는 단백질을 가지고 만든 것이 젤리야. 곰국을 오래 끓이다가 식혔을 때 묵처럼 굳어지는 것도 젤라틴 때문이지.

그런데 이렇게 호화된 음식을 그대로 두면 다시 지퍼가 닫히듯 녹말 분자의 사슬이 원래의 반결정 상태로 되돌아가려고 해. 갓 지은 밥은 보드랍고 촉촉하지만, 밥그릇에 붙은 밥풀은 조금만 시간이 지나면 딱딱하게 굳어 버리는 것처럼 말이야. 이것을 '노화'라고 해.

노화가 가장 잘 일어나는 온도가 0~5℃야. 바로 냉장고의 온도지. 빵이나 밥을 냉장고에 넣으면 딱딱하고 맛이 없어지는 이유가 바로 노화 때문이야. 빵이나 밥을 보관해야 한다면 냉장고 대신 냉동실에 넣었다가 해동해서 먹는 게 좋아. 해동하면 원래와 같이 호화된 상태로 돌아오거든.

아밀로스와 아밀로펙틴

녹말에는 '아밀로스'와 '아밀로펙틴' 두 가지 종류가 있어. 아밀로스는 포도당이 한 줄로만 연결된 긴 사슬이야. 반면 아밀로펙틴은 중간중간 가지를 쳐서 마치 나뭇가지와 같은 모양을 하고 있지.

위에서 말한 녹말이 풍부한 식품들도 아밀로스와 아밀로펙틴의 함량이 제각기 달라. 예를 들어 인절미와 같은 쫄깃쫄깃한 떡을 만들거나, 대보름날 먹는 오곡밥을 지을 때 쓰는 찹쌀의 녹말은 100% 아밀로펙틴으로 이루어져 있어. 그래서 찰밥이나 찰떡은 상온에 두어도 금방 딱딱해지지 않지. 반면 우리가 매일 먹는 쌀에는 아밀로스가 20~30%, 아밀로펙틴이 70~80% 들어 있어.

셀룰로스

우리에게 밥(쌀), 서양 사람들에게 빵(밀)은 특별한 음식이야. 지금처럼 먹을 것이 풍족하지 못했던 인류 역사에서 주식 역할을 하는 곡물은 그야말로 생명줄과 같았지. 흉년이 들어 곡물 생산이 줄어들면 많은 사람들이 굶어 죽기

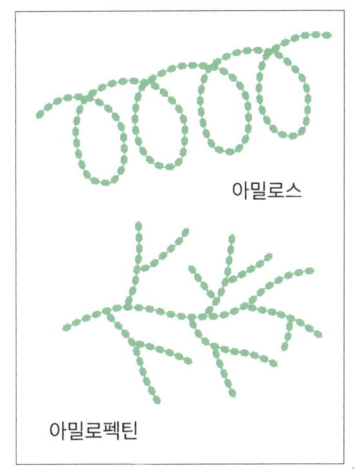

아밀로스와 아밀로펙틴의 구조

도 했어. 이런 말을 들으면 "왜 사람은 잡식성인데 소나 코끼리, 토끼나 기린처럼 풀이나 나뭇잎을 먹고 살지 못할까?" 하는 의문이 들지 않니? 풀에 풍부한 셀룰로스라는 다당류가 쌀이나 밀에 들어 있는 녹말과 마찬가지로 포도당 구슬이 알알이 연결된 사슬이라는 사실을 알면 우리가 산과 들에 널려 있는 풀이나 나뭇잎을 먹을 수 없다는 사실이 더욱 안타까울 거야.

녹말과 셀룰로스의 차이는 뭘까? 녹말을 만드는 포도당과 셀룰로스를 만드는 포도당은 똑같지만, 입체적인 분자 구조에서 단 한 군데 차이가 있어. 그 차이를 그림으로 나타내 볼게.

녹말을 이루는 알파 포도당과 셀룰로스를 이루는 베타 포도당은 거의 똑같은데, 첫 번째 탄소에 붙은 -OH기가 알파 포도당은 아래로 붙

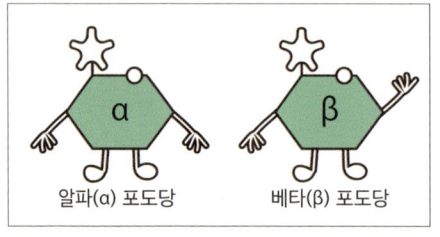

알파 포도당과 베타 포도당

고, 베타 포도당은 위로 붙은 차이가 있을 뿐이야. -OH기를 팔이라 생각하고 포도당을 작은 아이에 비유하면, 녹말은 포도당 분자들이 자연스럽게 나란히 서서 손을 잡으면 되는데 셀룰로스의 경우 손을 잡기 위해서 한 명은 똑바로, 다음 아이는 물구나무를 선 채로, 그다음은 똑바로…… 이렇게 계속 엇갈려 손을 잡아야 해.

포도당 분자식(42쪽 그림)을 보면 육각형 고리의 한쪽에 커다란 덩어

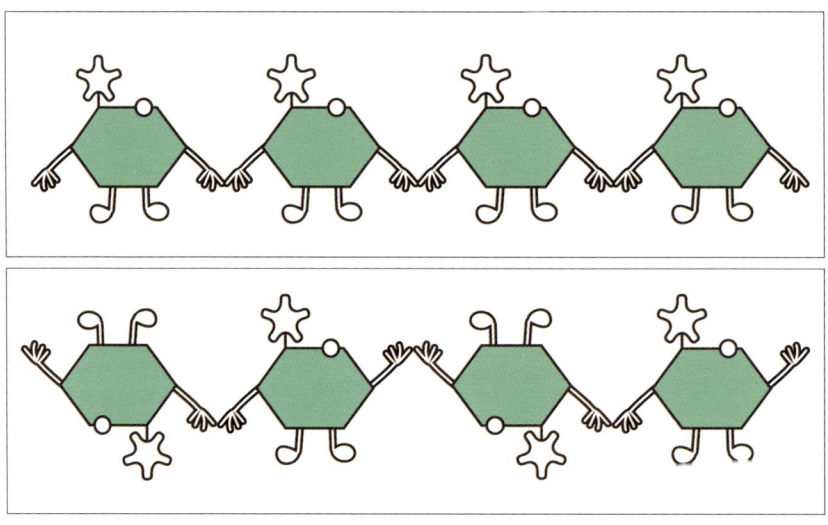

녹말을 만드는 포도당의 연결 방식(위)
셀룰로스를 만드는 포도당의 연결 방식(아래)

리가 붙어 있는 형태야. 이 포도당 분자들이 손을 잡고 늘어서면 녹말 또는 셀룰로스가 되는 거야. 그런데 모든 분자가 똑바로 서서 손을 잡고 연결되면, 커다란 덩어리가 붙은 쪽은 원자들이 밀집해서 좁아지게 되겠지? 그래서 녹말을 이루는 직선 분자인 아밀로스는 나선처럼 구불구불하게 생겼어.

반면 셀룰로스는 하나 걸러 하나씩 뒤집어지면서 엇갈려 결합하기 때문에 녹말처럼 공간상의 제약이 거의 없어서 일직선 사슬을 만들어. 그리고 그 사슬들끼리 매우 촘촘하게 늘어서서 단단한 구조물을 형성하지.

바로 이런 이유로 풀이나 나무줄기가 억세고 질기고 단단한 거야. 우리가 풀이나 나무를 먹어도 제대로 소화할 수 없는 게 바로 이 때문이지. 또 포도당 사슬을 분해해서 포도당 구슬로 잘라 내려면 소화 효소의 도움이 필요해. 그런데 녹말을 분해하는 효소로는 셀룰로스를 분해하지 못해. 다음 장에서 효소에 관해 알아보면 좀 더 명확하게 이해할 수 있을 거야.

그렇다면 소나 코끼리, 염소와 같은 동물은 셀룰로스를 소화시키

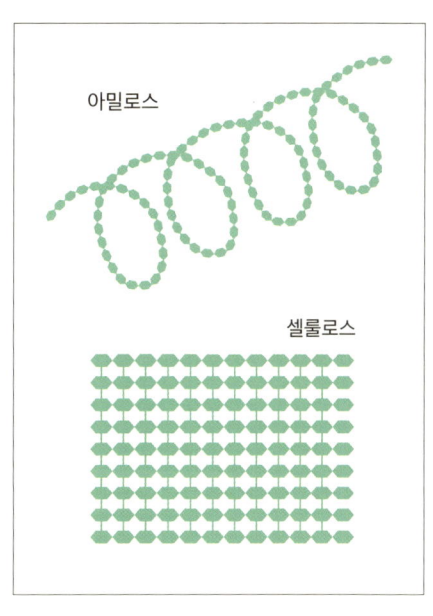

구불구불한 아밀로스와 촘촘한 셀룰로스

는 효소를 가지고 있을까? 아니, 그렇지 않아. 셀룰로스를 소화시키는 효소를 만들어 내는 동물은 없어. 그렇다면 소나 코끼리는 어떻게 풀만 먹고도 그렇게 큰 몸집을 유지할 수 있을까? 놀랍게도 이 동물들은 소화 기관에 셀룰로스를 소화시킬 수 있는 미생물을 잔뜩 가지고 있지. 마치 사람이 소를 키우며 일도 시키고 우유와 고기까지 얻듯, 소는 자신의 위 속에 작은 세균과 곰팡이를 잔뜩 키워서 이들로 하여금 풀을 소화시키도록 하고 있어.

이런 초식 동물과 그들의 소화 기관에 세 들어 살고 있는 미생물을 서로 '공생 관계'에 있다고 말해. 미생물은 셀룰로스를 분해하고 포도당을 생산하는 반면 동물들은 미생물에게 안락하고 따뜻하고 컴컴하고 눅눅한, 미생물이 아주 좋아하는 멋진 집을 제공해 주는 셈이야.

탄수화물의
소화, 흡수, 이용

단당류나 이당류는 소장에서 바로 흡수되지만 다당류인 녹말은 입에서 장에 이르기까지 우리 몸의 소화 기관을 지나가면서 차례로 잘게 분해돼. 녹말을 분해하는 효소 '아밀레이스'가 우리 침 속에 많이 들어 있어서 입안에서부터 녹말의 소화가 시작되는 거야. 음식물이 위를 거쳐 소장으로 내려가면 췌장에서 분비된 아밀레이스가 녹말을 이당류인 맥아당이 될 때까지 분해하지. 그다음 이당류는 다양한 효소에 의해 단당류로 분해된단다.

 분해된 단당류는 소장에 흡수되고, 포도당으로 변해. 그리고 나서 혈관을 통해 온몸으로 전달되어 에너지를 내는 연료로 사용되지. 이때 핏속의 포도당 농도를 일정하게 유지하는 역할을 하는 호르몬이 바로 '인슐린'이야. 핏속에 너무 많은 포도당이 돌아다니면 췌장에서 인슐린이 분비되어 간, 근육, 지방 세포들에게 포도당을 받아들이라고 신호를 주지.

인슐린에 문제가 생기면 당뇨병을 앓게 돼. 췌장에서 인슐린이 잘 분비되지 않는 것이 제1형 당뇨병이고, 인슐린이 있지만 세포들이 인슐린의 말을 잘 듣지 않는 상태가 제2형 당뇨병이야. 핏속에 포도당이 너무 많이 오래 있으면 인슐린의 분비가 늘어나고 세포들이 점점 인슐린의 명령을 듣지 않게 되지.

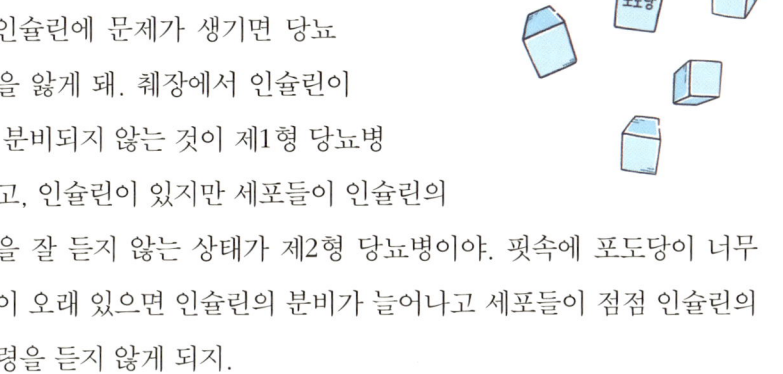

그렇기 때문에 핏속의 포도당 농도, 즉 혈당을 급격히 올리지 않아야 해. 설탕이 많이 든 음식뿐 아니라, 정제된 밀가루나 흰 쌀밥은 순식간에 소화, 흡수되어 포도당 농도를 높이니까 좋지 않아. 반면에 잡곡이나 고구마와 같이 녹말이 섬유질과 함께 있는 식품은 위와 장에서 소화가 천천히 일어나고 포도당으로 분해되는 시간이 길기 때문에 혈당을 급격하게 올리지 않지.

단것을 값싸고 손쉽게 먹을 수 있게 되면서 당뇨병에 걸리는 사람이 크게 늘고 있어. 그러니 어릴 때부터 바른 식습관을 갖도록 노력해야 해.

달콤한 비극: 설탕과 삼각 무역

달콤한 맛을 싫어하는 사람이 있을까? 입안에서 설탕이 사르르 녹을 때 우리의 마음도 사르르 녹아 버리지. 우리를 기분 좋게 만드는 설탕! 온갖 음식과 음료를 맛있게 만들어 주는 설탕! 하지만 하얗게 반짝이는 신의 선물과 같은 설탕에는 알고 보면 슬프고 잔인한 역사가 담겨 있단다.

사탕수수에서 단맛이 난다는 사실을 처음 발견하고 재배하기 시작한 것은 기원전 8000년경 오세아니아 뉴기니에서였어. 그 이후 사탕수수는 동남 아시아를 거쳐 인도로 전해졌지. 기원전 4세기 무렵부터 인도 사람들은 사탕수수의 즙을 끓여서 설탕을 만드는 방법을 알고 있었어.

설탕은 인도에서 아랍으로 전파되었고, 십자군 전쟁 때 아랍에서 유럽으로 전해져어. 시칠리아와 같은 따뜻한 지중해 지역에서 사탕수수를 재배하긴 했지만 유럽에서 설탕은 구하기 힘든 굉장히 귀하고 값비싼 식재료였고 왕과 귀족들이나 먹을 수 있었지. 그런데 어느 순간 달콤하고 귀하고 비싼 설탕이 모든 사람들의 생필품이 되었어. 한때 은과 맞먹는 값어치를 가졌던 설탕이 어떻게 그리 흔해졌을까? 여기에는 매우 슬픈 역사가 있단다.

아메리카 대륙을 발견한 콜럼버스는 두 번째 항해 때 사탕수수를 가져와 심었어. 따뜻한 기후가 사탕수수를 재배하기 딱 좋을 거라 생각했기 때문이지. 실제로 사탕수수와 설탕 생산은 신대륙의 주된 산업으로 성장했지. 포르투갈의 식민지였던 브라질, 서인도 제도의 수많은 유럽 식민지에서 사탕수수를 재배했어.

사람 키보다 큰 사탕수수를 베어 수확하고, 줄기와 잎을 잘게 썰고 짓이겨 즙을 내고, 즙을 오랫동안 끓여서 물을 증발시켜 설탕을 얻는 과정은, 많은 사람들의 고된 노동이 필요했어. 그런데 아메리카 대륙에 살던 원주민들 상당수는 천연두나 홍역과 같이 유럽인들이 옮긴 병에 걸려서 사망했지. 일손이 부족해지자 유럽인들은 아프리카인들을 강제로 데려다 일을 시키기로 했어.

노예 시장으로 끌려가는 아프리카인들

1525년 포르투갈 상인들은 아프리카의 원주민을 아메리카 대륙으로 보내 사탕수수 재배 농장을 만들기 시작했어. 스페인도 그 뒤를 따랐지. 18세기에는 영국이 강한 해군으로 세계를 제패하면서 서인도 제도에 식민지를 늘렸고 노예 무역에서도 독점적 위치를 차지하게 되었단다.

상인들은 유럽에서 생산된 총과 무기, 철 기구, 옷감 따위를 배에 싣고 아프리카 서해안으로 가져가서 노예와 교환했어. 아프리카 부족들이 전쟁을 벌여 적을 포로로 잡은 뒤 노예 상인들에게 넘

긴 거지. 노예들은 마치 짐짝처럼 배에 실려 긴 항해를 떠났어. 끔찍한 환경 때문에 많은 노예들이 배에서 죽어 갔단다. 살아서 아메리카에 도착한 이들에게도 가혹한 운명이 기다리고 있었지. 노예들은 평균 7년 정도 살았다고 해. 혹독한 노동과 환경으로 오래 살지 못하고 소모품 취급을 받았던 거지.

노예들의 피, 땀, 눈물로 생산된 하얀 설탕! 카리브해의 섬들과 브라질과 같은 유럽 식민지 사람들은 노예로 운영되는 사탕수수 농장에서 만든 설탕을 유럽으로 수출했어.

설탕 생산이 늘고 점차 가격이 낮아지면서 설탕은 중산층에서 노동자 계급까지 퍼져 나갔어. 유럽에서 더 많은 사람들이 달콤한 설탕의 맛을 즐길 수 있게 된 것은 노예 제도라는 비인간적이고 잔인한 관행 덕분이었던 거야. 이렇게 신대륙에서 유럽으로 설

삼각 무역

탕을 수출하고, 유럽에서 아프리카로 총과 화약 등을 수출하고, 아프리카에서 신대륙으로 노예를 실어 날랐던 것을 '삼각 무역'이라고 해. 삼각 무역은 18세기 세계 교역과 경제에서 커다란 비중을 차지했지.

설탕에 치중했던 신대륙 산업은 공급이 늘어나면서 수익성이 떨어지자 담배나 면화와 같은 다른 작물로 조금씩 대체되었어.

19세기 초에 프랑스의 나폴레옹이 영국과 전쟁을 벌이면서 유럽 대륙의 항구를 봉쇄하고 영국의 수출품이 유럽으로 들어오지 못하게 한 적이 있었어. 유럽은 영국에서 설탕을 구입할 수 없게 되자 다른 방법을 찾기 위해 노력했고, 그 결과 사탕무에서 설탕을 생산하는 방법을 개발했지.

19세기 중반이 되자 영국과 미국에서 노예 제도는 폐지되었고 이로써 설탕을 둘러싼 삼각 무역은 막을 내리게 되었단다.

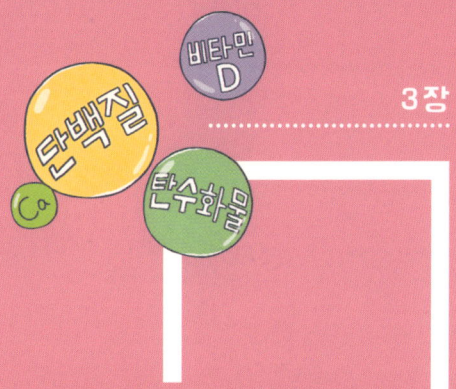

3장

고기일까 기계일까,
단백질

복잡하고 정교한 단백질의 구조

단백질 하면 뭐가 가장 먼저 떠오르니? 고기? 맞아. 소고기, 돼지고기, 닭고기, 오리고기⋯⋯. 우리가 사랑하는 단백질이지. 단백질은 동물의 몸을 이루고 있는 물질이야. 단백질은 어마어마하게 복잡하고 정교한 구조를 가지고 엄청나게 다양한 역할을 한단다.

우선 단백질의 어원을 살펴볼까? 단백질이란 새알을 뜻하는 '단(蛋)'과 하얀 물질이라는 의미의 '백질(白質)'이 합쳐진 말이야. 그러니까 달걀이나 새알의 흰자 부분을 가리키는 단어지. 달걀흰자는 실제로 수분을 빼고는 거의 단백질로 이루어져 있어.

단백질은 영어로 protein(프로틴)인데, 그리스어의 proteios(프로테이오스: 중요한 것)에서 왔다고 해. 단백질은 중요하고 또 중요한 영양소야. 우리 몸을 구성하는 중요한 재료일 뿐만 아니라 모든 생명체가 살아 있도록 하는, 생명을 작동시키는 분자 기계라고 할 수 있어.

단백질의 구성 단위, 아미노산

단백질을 목걸이에 비유하자면 아미노산은 하나하나의 구슬이라고 할 수 있지. 먼저 아미노산 분자를 앞에서 말한 공과 막대기 모형을 가지고 나타내면 아래와 같아.

가운데 있는 탄소의 팔 4개가 뭘 잡고 있는지 보자. 왼쪽에 질소와 수소 2개로 이루어진 부분을 '아미노기'라고 해. 오른쪽에 탄소와 산소, 수소로 이루어진 부분은 '카르복실기'라고 하고. 이름이 어렵긴 하지만 이런 것들을 '분자의 작용기'라고 해.

원자와 분자의 관계를 글을 쓰는 것과 비교해 볼까? 글자들이 모여서 단어가 되고, 단어들이 모여 문장이 되지.

글자를 원자라고 하고, 문장을 분자라고 한다면, 단어에 해당하는 것이 바로 '작용기'야. 여러 분자 안에서 반복적으로 나타나고, 고유의 의미(기능)를 가지고 있는 원자들의 덩어리지. 단백질을 이루는 구

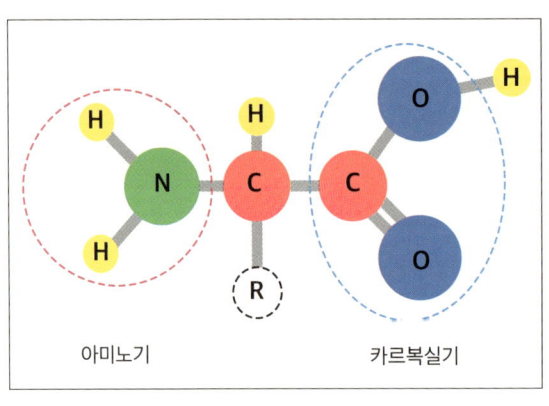

아미노산의 구조

성 단위인 아미노산은 공통적으로 아미노기와 카르복실기라는 작용기를 가지고 있어. 그런데 카르복실기가 붙은 물질은 산*이 돼. 아미노기에 카르복실기가 붙어 있기 때문에 아미노산인 거지.

> *산 다른 분자로부터 전자를 빼앗는 성질을 가진 물질이다. 반대로 '염기'는 전자를 주는 물질이다.

그렇다면 R은 뭘까? 우리 몸의 단백질을 구성하는 아미노산은 20가지야. R은 20가지의 아미노산들의 차이를 만드는 부분이야. 녹말도 포도당 구슬을 줄줄이 연결한 분자라고 했지? 녹말이 한 가지 구슬로 이루어진 목걸이라면 단백질은 20가지 구슬이 다양한 조합으로 연결된 훨씬 다채로운 사슬이지.

아미노산 중에는 우리 몸에서 만들어 내지 못하기 때문에 꼭 음식으로 섭취해야 하는 '필수 아미노산'이 있고, 우리 몸에서 만들어 낼 수 있는 '비필수 아미노산'이 있어.

필수 아미노산	류신, 아이소류신, 발린, 페닐알라닌, 라이신, 메티오닌, 트레오닌, 트립토판, 히스티딘
성장기 어린이나 환자들에게만 필수인 아미노산	시스테인, 타이로신, 아르기닌, 글루타민, 글리신, 프롤린
비필수 아미노산	글루탐산, 세린, 아스파트산, 아스파라긴, 알라닌

이런 복잡한 이름들은 다 잊어버려도 좋아. 기억해 둘 것은 단백질을 이루는 기본 단위가 아미노산이고 20개의 구슬이 다양한 순서로 연결되어서 여러 종류의 단백질을 만들어 낸다는 사실이야. 한 아미

노산의 아미노기와 다른 아미노산의 카르복실기가 결합되면서(이것이 펩타이드 결합이야.) 마치 구슬을 꿰듯 아미노산 사슬이 줄줄이 연결되는 것이지.

단백질의 구조

단백질을 아미노산 구슬을 꿰어 만든 목걸이에 비교했는데, 일단 사슬이 만들어진 다음 과정은 목걸이보다는 종이접기에 비유하고 싶어. 아미노산 사슬에서 입체적인 덩어리인 단백질이 만들어지기까지 과정은 4단계로 나누어서 볼 수 있지.

1차 구조

단백질의 1차 구조는 아미노산의 순서야. 글자들의 순서에 따라 단어와 문장의 뜻이 정해지듯, 아미노산들이 배열된 순서가 단백질의 모양, 즉 구조를 결정해. 그러니까 1차 구조에서 이미 완성된 단백질의 형태가 결정된다고 할 수 있어.

단백질의 1차 구조

2차 구조

아미노산 구슬들이 줄줄이 연결된 이 사슬은 가만히 있는 게 아니라 각각의 아미노산을 구성하는 원자들이 사슬의 다른 부분에 있는 원자들과 느슨한 결합(수소결합)을 형성하면서 특이한 모양으로 접히거나 구부러진단다. 대개 꽈배기처럼 나선으로 꼬이는 모양(α-나선 구조)을 띠거나 병풍처럼 접히는 모양(β-병풍 구조)을 띠는 경향이 있어. 이것을 단백질의 2차 구조라고 해.

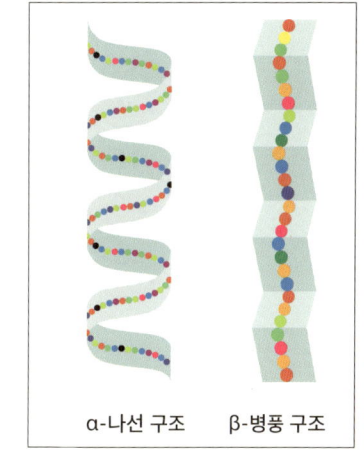

단백질의 2차 구조

3차 구조

일부는 나선 모양으로, 일부는 병풍 모양으로 구부러지고 접힌 긴 단백질 사슬 전체가 뭉쳐져서 입체적인 덩어리를 형성하는데, 이 덩어리의 모양이 바로 단백질의 3차 구조야.

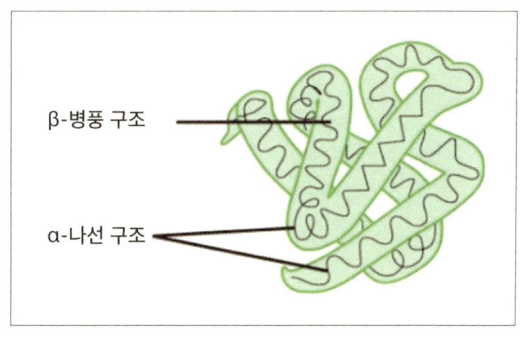

단백질의 3차 구조

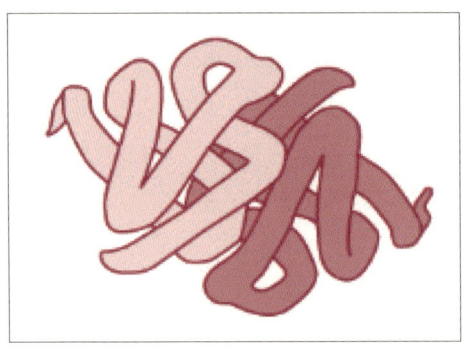

단백질의 4차 구조

4차 구조

한 가닥의 사슬로 이루어진 단백질도 있지만 여러 개의 사슬 덩어리가 합쳐져 하나의 단백질을 이루는 경우가 많아. 1차, 2차, 3차 구조를 통해 정해진 모양을 갖게 된 사슬 몇 개가 합쳐져서 이루는 전체 단백질의 구조를 단백질의 4차 구조라고 해.

단백질이 하는 일

단백질은 우리 몸을 구성하는 주재료라고 해도 과언이 아니야. 실제로 우리 몸에서 물 다음으로 많은 비중을 차지하지. 우리 몸 안의 단백질 종류는 2만 가지가 넘어. 우선 우리 몸에서 중요한 기능을 하는 대표적인 단백질 몇 가지를 알아보자.

나노 크기의 만능 분자 기계, 효소

우리 몸은 거대한 화학 공장이라고 볼 수 있어. 우리가 가만히 숨만 쉬고 있을 때도 생명을 유지하기 위해서 세포 안에서는 끊임없는 화학 반응들이 일어나거든. 화학 반응을 잘 일어나도록 도와주는 것을 '촉매'라고 하는데, 효소는 단백질로 이루어진 생물 촉매라

고 할 수 있어.

효소는 원자들을 이리저리 옮기고 분자의 일부를 떼었다 붙였다 하면서 커다란 분자를 작은 조각으로 잘라 내기도 하고, 작은 조각으로 커다란 분자를 만들어 내기도 해. 앞에서 단백질은 아미노산 구슬이 줄줄이 연결된 목걸이와 비슷하다고 했지? 아미노산 조각을 가지고 목걸이를 만드는 것도 효소, 우리가 먹은 단백질을 위와 장에서 분해하면서 하나하나의 구슬로 잘라 내는 것도 효소란다. 효소는 단백질뿐만 아니라 탄수화물과 지방을 분해해서 에너지를 뽑아내는 일도 해.

우리 몸을 호흡하고 먹고 배설하며 생명 활동을 하는 거대한 공장이라고 본다면, 하나하나의 효소들은 그 공장의 기계 또는 작업자와 마찬가지야. 밖에서 들어온 산소와 영양소를 혈관이라는 컨베이어 벨트가 몸의 구석구석으로 공급해 주면 다양한 효소들이 여러 가지 물질을 만들어 내며 공장을 가동하는 거지.

효소가 재료가 되는 분자에 결합해서 반응을 시킬 수 있는 것은 효소 특유의 모양 덕분이야. 앞에서 단백질의 모양이 단백질의 기능을 결정한다고 말했지? 효소가 화학 반응을 일으킬 수 있는 2개의 분자를 꽉 잡아서 서로 만나게 해 줌으로써 계속해서 반응을 이어 간다고 볼 수 있어. 이때는 마치 직소 퍼즐처럼 단백질의 모양과 반응물의 모양이 서로 딱 맞아떨어져야 반응이 일어나.

방어를 담당하는 수비대, 항체

　　　　　우리가 매일매일 음식을 먹고 음식 속의 분자와 원자로 우리 몸을 만들 듯, 우리를 먹이로 삼으려고 호시탐탐 노리는 적들이 있어. 어디에나 존재하지만 눈에 보이지 않는 작은 적들, 바로 바이러스나 박테리아와 같은 미생물이야.

　코로나 바이러스에 관해서는 모르는 사람이 없겠지? 하나의 세포라고 볼 수조차 없고, 생물인지 무생물인지도 분간하기 어려운 바이러스는 유전 정보를 담은 핵산과 그걸 둘러싼 단백질로 이루어진 단순한 생화학적 분자 로봇이야. 이 녀석들은 우리 몸의 세포 안에 침투한 다음, 마치 테러리스트가 비행기 조종실에 들어가 기장을 죽이고 비행기를 납치하듯, 우리의 유전자 복제 기구를 탈취해서 자신과 같은 바이러스를 복제해 낸단다.

　박테리아(세균)는 하나의 세포인데 역시 우리 몸 안에 들어오면 우리 몸을 영양소로 삼아 엄청나게 분열해서 자신들의 영토를 확보하지. 아, 우리의 피부, 소화 기관에 살고 있는 이로운 박테리아가 아니고 피부나 점막 안을 뚫고 들어와 우리 몸의 세포를 공격하는 병원균을 말하는 거야. 그러면 그곳에서 계속 전투가 일어나서 열이 나고 죽은 병사(세포)들의 시신인 고름이 쌓여 가지.

　바이러스나 박테리아를 적절히 막아 내지 못한다면 우리는 큰 병에 걸려 죽을 수도 있어. 다행히도 우리 몸은 적의 침입에 대비하는 효율적인 방어 체계를 가지고 있어. 우리 몸의 국방부가 바로 면역계야. 방어를 담당하는 다양한 면역 세포들이 군인처럼 각자의 역할을 분담해

서 적의 침입에 대비하고, 적이 들어오면 싸워 무찌르지. 특히 면역 세포 중 B세포는 항체라는 무기를 만들어서 적과 싸워. 마치 포병과 비슷한 역할을 하는 거야.

B세포는 적(이것 역시 대개 단백질이야.)의 몸 일부에 마치 열쇠와 자물쇠처럼 딱 맞아떨어지는 모양의 무기를 개발하는데, 이게 바로 '항체'야. B세포가 만든 항체가 적에게 달라붙어 꼼짝 못하게 하면 다른 면역 세포들이 처치하기도 하고 적이 스스로 파괴되기도 하지. 한번 들어왔던 적을 잘 기억하는 B세포가 만들어지면 다음번 공격 때는 훨씬 빠르게 적을 무력화시킬 수 있어. 이게 바로 백신의 원리란다.

B세포가 만드는 멋진 무기, 항체가 바로 단백질이야. 항체가 달라붙는 적(이물질)의 몸의 부위를 '항원'이라고 하는데 항원도 대부분 단백질이야. 항체 역시 효소와 마찬가지로 단백질의 모양이 기능을 결정하는 대표적인 사례이지.

근육 세포의 작은 모터, 액틴과 미오신

귀엽게 뛰어노는 강아지, 하늘을 나는 새, 바닷속을 헤엄치는 물고기 그리고 사람. 이들의 공통점은 뭘까? 모두 동물이라는 거지. 동물은 한자로 움직일 '동(動)'과 물체를 나타내는 '물(物)'이 합쳐진 말이야. 동물이 식물 그리고 생명이 없는 돌이나 공기 따위와 구별되는 특성이 바로 움직인다는 거야. 이렇게 우리가 움직일 수 있게 만들어 주는 조직이 뭘까? 바로 근육이지!

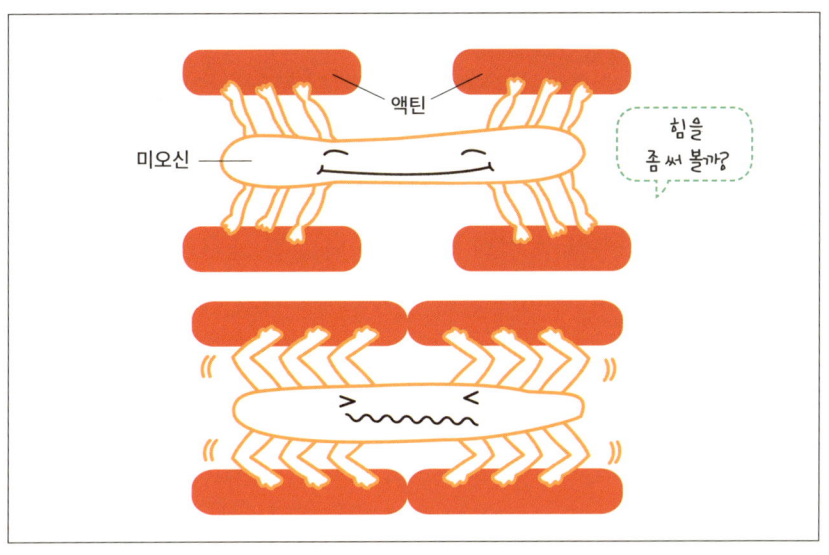

근육의 구조(위)와 수축 원리(아래)

근육을 살펴볼까? 우리가 장조림을 먹을 때 살코기가 실처럼 쪽쪽 찢어지지? 살코기가 바로 소의 근육 부분이야. 이렇게 근육은 길고 가느다란 관들이 다발을 이루는 구조로 만들어져 있어. 하나의 관 안에 또 빽빽하게 더 가느다란 관들이 들어 있고, 그 가느다란 관 안에 또 더 가느다란 관들이 들어 있는 식이야. 맨 안쪽 관을 '근원섬유'라고 해.

이 근원섬유 안에 바로 근육을 움직이게 하는 단백질, 액틴과 미오신이 들어 있어. 촘촘한 액틴 섬유 사이사이에 미오신이 엇갈리게 들어가 있는 구조야. 액틴과 미오신은 마치 연료를 태워서 기계적 운동으로 바꾸는 작은 모터와 같은 역할을 하는 셈이야.

우리 몸의 형태를 이루는 재료, 콜라겐

　우리 몸은 세포가 모여서 조직을 이루고, 조직이 모여서 기관을, 기관이 모여서 기관계를 이루고 있다고 했지? 조직 중에 우리 몸의 각 부분을 감싸고 연결해 주는 조직을 '결합 조직'이라고 해. 결합 조직은 우리 몸 안의 장기 사이의 틈을 채워 주고, 우리 몸의 형태를 잡아 주며, 우리 몸을 둘러싼 피부의 많은 부분을 차지하고 있어. 이 결합 조직을 이루는 주된 단백질이 콜라겐이야. 콜라겐은 우리 몸에서 가장 풍부한 단백질이지. 또 뼈의 절반 정도가 단백질인데, 이것도 바로 콜라겐이야. 콜라겐 외에 결합 조직을 이루는 단백질은 머리카락, 털, 손톱, 동물의 뿔의 주성분인 케라틴, 피부와 머리카락에 탄력을 주는 엘라스틴도 있지.

　그 외에도 우리 몸에는 다양한 단백질이 있어. 적혈구 안에서 온몸으로 산소를 전달하는 헤모글로빈, 우리 눈의 망막에서 빛을 감지하면 모양이 바뀌면서 신경 세포에 신호를 전달하는 로돕신, 우리 몸의 모든 부분과 기능이 적절한 균형을 이루도록 세포들에게 명령하고 소통하는 호르몬 등 단백질은 우리 몸 안에서 정말 다양한 기능을 하고 있단다.

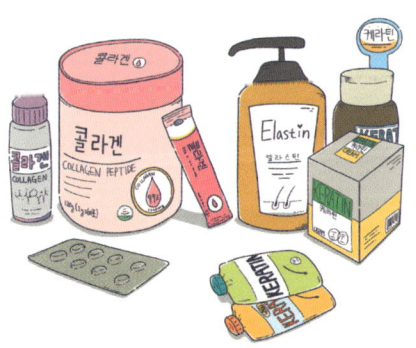

단백질의
소화, 흡수, 합성

우리가 고기나 두부, 달걀과 같은 음식을 먹으면 그 안의 단백질은 위와 소장을 거치면서 잘게 분해돼. 위 속의 염산은 아미노산이 줄줄이 이어져 있는 단백질의 가닥을 풀어 헤쳐 놓지. 그러면 위와 췌장에서 분비된 여러 가지 소화 효소가 사슬을 짧은 가닥으로 자르고, 하나하나의 구슬로 분해해. 이때 각 소화 효소마다 잘라 내는 부위가 다르기 때문에 다양한 소화 효소가 필요해.

이 과정을 거쳐서 단백질이 아미노산 하나 또는 두 개 정도 크기로 잘게 분해돼. 이 아미노산 조각이 소장 세포를 통해 흡수되고 혈액을 통해 온몸으로 운반되지. 그러면 온몸의 세포들이 각각 아미노산 구슬을 가지고 앞에서 말한 다양한 단백질들 중 필요한 것을 만들어 내는 거야.

단백질을 레고 조각으로 만든 거대한 모형이라고 한다면 우리 몸속의 소화 기관을 통과하면서 손톱만 한 레고 조각 하나하나로 다 분리되는 셈이야. 그 손톱만 한 조각들이 세포 안에 들어가서 유전자의 명령에 따라 그때그때 필요한 새로운 모형을 만드는 거지.

유전자란 세포핵 안에 들어 있는 DNA를 말해. 생명체의 유전 정보를 저장하고 있는 DNA는 마치 도서관의 귀중한 책처럼 세포핵 안에 고이 모셔져 있어.

DNA도 하나하나의 핵산들이 구슬처럼 이어져 있는 분자야. 각각의 구슬에는 염기가 하나씩 붙어 있는데 이 염기에는 4가지 종류가 있고 A-아데닌, T-티민, G-구아닌, C-시토신, 마치 문자와 같은 역할을 한단다. 이 문자들이 모여서 우리 생명의 비밀, 단백질을 만드는 암호문을 이루지. DNA에서 새로운 DNA 가닥이 복제될 때, 염기의 순서에 따라 효소들이 A에는 T, G에는 C 구슬을 가져다 붙이는 식으로 새로운 가닥을 만드는 거야.

단백질, 무엇을 먹어야 할까?

단백질을 보충한다고 하면 대개 고기, 생선, 우유, 햄, 달걀 등 동물성 식품이 떠오르지? 앞에서 알아봤듯 단백질은 우리 몸에서 생명을 유지하는 작은 기계처럼 온갖 기능을 담당할 뿐만 아니라 근육과 결합 조직, 뼈 등 우리 몸의 구조를 형성하고 있지. 사람뿐만 아니라 소, 돼지, 닭과 같은 동물에서도 몸의 구조를 형성하는 단백질이 많은 부분을 차지하고 있어. 그러다 보니 동물성 식품에 단백질이 풍부한 것이 사실이야.

성장기의 아이들, 노화로 근육이 줄어들고 쇠약해지는 노인, 그리고 면역력이 떨어진 환자들은 사람의 단백질과 가장 가까운 동물성 단백질을 먹는 것이 도움이 돼.

동물성 단백질

먹을 것이 풍족하지 못했던 과거에는 생일이나 명절과 같은 특별한 날에만 고기반찬을 먹을 수 있었어. 전반적으로 영양이 부족했기 때문에 이렇게 가끔 고기를 먹으면 몸에 힘이 나고 면역 세포도 잘 만들어져서 병에서 회복되기도 했지. 단백질뿐만 아니라 고기에 들어 있는 무기질과 비타민과 같은 미량 영양소도 한몫했을 거고. 그래서 고기가 건강에 좋은 보양식이라는 생각이 지금까지도 사람들의 머릿속에 남아 있단다.

그런데 현대인의 밥상에는 고기가 지나치게 많이, 자주 올라오는 것 같아. 통계에 따르면 2020년 한국인 1명이 1년간 섭취한 육류가 53.7kg이나 돼. 육류 섭취량은 매년 늘고 있는 추세야. 고기에는 좋은 단백질이 많이 들어 있지만 한편으로 나쁜 지방과 콜레스테롤도 많아. 다음 장에서 자세히 이야기할 텐데 동물성 지방은 비만의 큰 원인일 뿐만 아니라 혈관에 쌓이면 매우 심각한 질병을 일으킬 수 있어. 또 단백질도 너무 많이 섭취하면 콩팥에 무리를 주기도 해. 어떤 영양소도 무조건 좋은 것은 없어. 모든 것은 과하면 탈이 나게 마련이야. 항상 균형을 이루도록 적정량을 섭취하는 것이 가장 중요해.

단백질이 풍부한 식물은 없을까?

그렇다면 식물성 식품만 먹어서는 단백질을 충분히 섭취하지 못하는 걸까? 식물은 근육이나 뼈, 피부 따위가 없으니까 그런

것을 구성하는 단백질이 들어 있지 않겠지? 그러나 식물도 모든 생명 활동은 효소라는 작은 분자 기계들이 수행해. 그리고 이 효소들 역시, 동물과 마찬가지로 모두 단백질이야. 하지만 식물 세포 안의 적은 효소만으로는 우리가 필요로 하는 단백질을 섭취하기엔 부족하지. 샐러드나 나물 같은 잎채소만 먹으면 열량과 단백질이 부족해 살이 빠지고 면역력이 떨어질 수 있어.

그런데 식물성 식품 중에도 유난히 단백질이 풍부한 식품들이 있어. 바로 식물의 씨앗(종자)이지. 식물에서 떨어진 씨앗은 홀로 싹을 틔워 자라기 위해서 처음에 많은 영양소가 필요해. 콩이나 쌀, 호두나 옥수와 같은 식물의 씨앗에는 식물이 성장하는 데 필요한 아미노산을 저장해 두기 때문에 풍부한 단백질이 들어 있어.

동물성 식품에는 필수 아미노산이 골고루 들어 있는 반면, 식물성 식품은 필수 아미노산 중 일부가 부족한 경우도 있어. 그래서 필수 아미노산이 부족해 결핍증에 걸리기도 해. 하지만 채식주의자도 다양한 식물성 식품을 골고루, 충분한 양을 섭취한다면 단백질이 부족해지지는 않아.

단백질이 풍부한 식물성 식품은 대두, 서리태, 완두콩, 병아리콩 등 다양한 콩류와 땅콩, 호두, 아몬드, 잣 등의 견과류 등이 대표적이야. 아보카도, 시금치, 케일, 버섯과 같은 식품에도 생각보다 단백질이 많이 들어 있지.

공기로 빵을 만든 과학자

"인구는 기하급수적으로 증가하고, 식량은 산술급수적으로 증가한다. 식량 생산이 인구 증가를 따라잡지 못하기 때문에 인구 증가를 억제하지 못할 경우 인류는 파국을 맞게 될 것이다."

산업 혁명 초기였던 18세기 말, 영국의 경제학자 토머스 맬서스가 《인구론》에서 주장한 내용이야. 당시 인구는 급속히 증가하는데 식량 생산은 그 속도를 따라잡지 못할 것으로 보였어. 실제로 그 이후로 인구는 기하급수적으로 증가했지. 맬서스 시대에 약 10억 명이었고, 2011년에 70억 명이었던 세계 인구가 지금은 80억 명이 넘었어.

그런데 이렇게 엄청나게 인구가 증가했지만 맬서스의 예언대로 사람들이 굶어 죽거나 먹고 살기 위한 전쟁을 벌여 인류가 파국을 맞지는 않았어. 대신 더 많은 사람들이 더 잘 먹게 되었고 오히려 인류는 비만과 성인병과 같이 너무 많이 먹어서 걸리는 병을 걱정하게 되었지. 어

토머스 맬서스

떻게 된 걸까?

　인구 증가에 발맞추어 식량 생산, 즉 농업에 커다란 발전이 이루어졌기 때문이야. 그중에서 가장 획기적인 사건이 인공 비료의 발명이야.

　식물은 광합성을 하면서 공기 중에 이산화탄소 형태로 존재하는 탄소를 이용해 포도당을 만들어. 식물 속의 포도당, 녹말, 단백질과 지방에 들어 있는 탄소도 식물의 광합성에서 비롯된 거야.

　그런데 탄수화물이나 지방에는 없고 단백질에만 풍부하게 들어 있는 원소가 있어. 바로 질소야. 아미노산의 아미노기에 질소가 들어 있던 것, 기억하지? 식물이 아무리 열심히 광합성을 해서 유기물 탄소를 공급한다고 해도 질소가 부족하면 단백질을 충분히 만들어 내지 못해.

　공기의 78%가 질소이므로 단백질의 원료는 사방에 널리고 널려 있는 셈이지. 그런데 안타깝게도 식물은 공기 중의 탄소를 가져다 이용할 수 있지만 질소는 그렇게 이용하지 못해. 이걸 할 수 있는 생물은 콩과 식물의 뿌리에 살고 있는 '뿌리혹박테리아'라는 세균인데, 질소 분자를 암모니아(NH_3)로 전환시키지. 콩은 이 암모니아를 이용해 아미노산과 단백질을 만드는 거고. 콩에 단백질이 많은 이유를 알겠지?

　식물은 이렇게 박테리아의 도움을 받아서 근근이 단백질을 만들며 살아온 셈이야. 인간이 농사를 짓게 된 후로는 썩힌 유기물이나 배설물을 섞어서 만든 거름을 주어서 암모니아를 보충해 주었지. 그러나 이 정도로는 기하급수적으로 늘어나는 인구를 먹여 살리기에 충분하지 못했어. 맬서스가 살았던 200년쯤 전의 농업 기술로는 계속 늘어나는 인구 때문에 다 같이 굶어 죽게 될 것으로

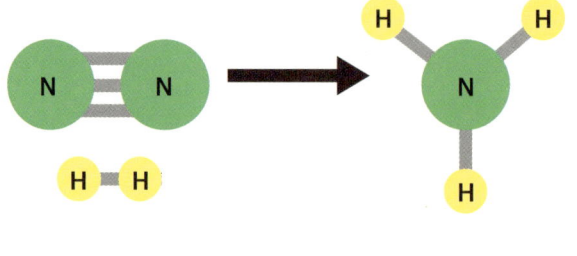

암모니아 합성

생각할 만했을 거야.

 이런 암울한 상황으로부터 인류를 구한 것이 바로 인공 비료야. 뿌리혹박테리아가 하듯 공기 중의 질소 분자로부터 암모니아를 만들어 낼 수 있게 된 거지. 독일의 화학자 프리츠 하버가 질소와 수소 기체에 엄청나게 높은 온도와 압력을 가하고 금속 촉매를 사용해서 각각의 기체들의 결합을 깨뜨려 새롭게 질소 원자와 수소 원자 사이의 결합을 형성해 암모니아를 만들어 낸 것이지.

 이 과정은 상당히 어려웠어. 적절한 온도와 압력, 촉매를 찾는 것이 매우 힘든 일이었거든. 그럼에도 하버가 암모니아를 상업적으로 생산하는 방법을 발견한 덕분에 값싼 인공 비료를 농업에 이용할 수 있게 되었고, 그 결과 농작물의 생산량은 엄청나게 늘어났어. 사람들은 하버를 '공기로 빵을 만든 과학자'라고 불렀지.

 프리츠 하버는 이렇게 인류를 식량 부족의 위기에서 구해 낸 위대한 과학자였지만 제1차 세계 대전 때는 조국인 독일을 위해 잔인한 살상 무기인 독가스를 만들어 낸 것으로 악명을 남기기도 했지. 그가 개발했던 독가스 중 하나인 치클론 B는 제2차 세계 대전 때 나치가 유대인들을 수용소에서 학살할 때 사용되었고, 수많은 그의 친척, 친구들의 생명을 빼앗게 되었지. 이렇게 독일에 충성한 프리츠 하버도 유대인이었기 때문에 결국 도망치듯 조국을 떠날 수밖에 없었어.

프리츠 하버

4장

두 얼굴의 영양소,
지방

지방의 종류와 구조

'신발도 튀기면 맛있다'는 말 들어 봤니? 물론 우스갯소리이고 진짜 신발을 튀겨 먹는 사람은 없겠지만 재료가 무엇이든 기름에 튀기면 그만큼 맛있다는 이야기야. 튀김의 고소한 냄새와 바삭바삭한 감촉은 정말 참기 힘들지. 튀김뿐 아니라 치킨, 피자, 라면, 감자튀김, 삼겹살, 햄버거, 치즈, 크림소스, 과자, 아이스크림…… 이 음식들의 공통점은? 바로 지방 덩어리라는 거야.

왜 지방 함량이 높은 음식이 맛있을까? 인류의 역사 대부분 동안 사람들은 거의 굶주린 상태였어. 살아가는 데 필요한 에너지를 음식으로부터 충분히 얻기 힘들었어. 늘 부족했지. 그러다 보니 열량이 많은 음식, 즉 지방이 풍부한 음식을 좋아하도록 입맛이 진화되었을 거야.

그런데 과학 기술의 발달로 먹을 것이 풍족해진 오늘날은 영양 부족보다 영양 과잉이 문제야. 너무 많이 먹어서 비만과 질병을 걱정할 정도지. 지방은 특히 칼로리가 높아서 비만의 주범이야. 또 혈중 지방 농도가 높으면 혈관이 좁아지고, 심장 혈관이나 뇌혈관이 막히면 목숨까지 위협할 수도 있지. 그래서 지방은 요주의 영양소인 셈이야.

한편 고기를 많이 먹는 황제 다이어트나 저탄고지(탄수화물을 적게 먹고 지방을 많이 먹는) 다이어트와 같이 탄수화물을 줄이고 지방에서 열량을 얻는 것이 좋다고 주장하는 사람들도 있어. 지방은 팬도 많고 안티도 많은 유명 연예인처럼 영양소 세계에서 항상 논란의 대상이 되어 왔지.

대체 지방은 건강에 좋은 것일까, 나쁜 것일까? 지방은 얼마나, 어떻게 섭취해야 할까? 지방도 여러 종류가 있기 때문에 문제는 더욱 복잡해. 딱 떨어지는 답이 있는 것은 아니지만 지방에 관해 알아 가다 보면 어떤 지방을 어떻게 섭취해야 할지 판단하는 데 도움이 될 거야.

지방, 지질, 기름

3대 영양소는 탄수화물, 단백질, 지방이라고 해. 그런데 간혹 지방 대신 '지질'이라는 표현을 쓰기도 하지. 지방과 지질은 무슨 차이가 있을까? 또 지방은 많은 경우에 기름을 가리키는 것 같은데 지방과 기름은 어디까지 같고 어디서부터 다를까?

지질은 영어로 리피드(lipid)라고 해. 지질의 정의는 '물에 녹지 않고 유기 용매에 녹는 유기 화합물'이야. 유기 용매란 유기 물질을 잘 녹이

는 메탄올, 벤젠 같은 물질이지. 지질의 상당 부분을 차지하는 것이 지방이야. 하지만 지질에는 지방 말고 다른 물질도 포함돼. 지방이 지질의 부분 집합인 셈이야. 지질에는 지방 외에 인지질, 스테롤, 왁스, 지용성 비타민 등이 있어.

기름의 정의는 '물보다 가볍고 불에 잘 타는 액체'라고 나와 있어. 물과 기름을 같이 컵에 부으면 명확하게 두 층으로 나뉘고 기름이 위에 자리를 잡지. 그래서 서로 잘 어울리지 못하는 관계를 '물과 기름 같은 사이'라고 표현하기도 해. 콩기름, 올리브유, 참기름, 들기름 등 식용유는 중성 지방, 즉 지방이야. 그런데 이런 음식에 들어 있는 기름 말고 현대인들이 살아가는 데 정말 중요하고 잘 알려진 기름이 있지? 그렇지, 바로 석유! 석유도 '물보다 가볍고 불에 잘 타는 액체'라는 기름의 정의에 딱 맞아떨어지지.

한자어인 '석유(石油)'의 뜻을 살펴보면 '돌 기름'이라는 의미야. 어떻게 보면 우리가 먹는 기름과 땅속에 묻혀 있는 석유의 공통점을 파악하고 둘을 모두 '기름'이라고 부른 우리 조상들의 직관과 지혜가 놀랍지. 실제로 석유와 지방 분자의 지방산은 분자 구조마저 매우 비슷하게 생겼단다.

지방의 분자 구조

보통 지방이라고 하면 중성 지방을 말해. 산성인 지방산과 대비되는 개념이야. 중성 지방의 분자 구조는 깃대에 폭이 긴 깃발

세 개를 위에서부터 나란히 붙인 모양처럼 생겼어. 글리세롤 1개에 지방산 3개가 붙어 있는 구조란다. 글리세롤은 깃대에 해당되는 부분이고 지방산은 3개의 깃발에 해당되는 부분이야.

간단하게 식으로 나타내면 지방은 다음과 같이 표시할 수 있어.

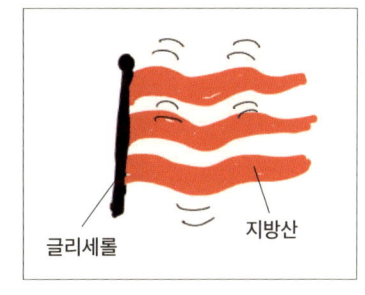

중성 지방 분자의 모양

지방 분자식의 한 예

지방의 역할

우리가 먹는 음식 중 지방은 식용유, 유제품, 고기, 견과류 등에 많이 들어 있어. 콩기름, 카놀라유, 현미유, 참기름, 들기름…… 이들의 공통점이 뭘까? 식물의 씨앗(종자)을 짜서 얻은 것이지.

   식물은 광합성을 통해 빛으로부터 얻은 에너지를 우선 포도당 사슬인 녹말로 저장하지만, 일부는 지방으로 전환해서 저장해. 동물은 쓰고 남은 포도당을 '글리코겐'이라는 다당류 형태로 근육과 간에 저장하지만 그건 당장 쓸 에너지를 잠시 보관하는 정도이고, 그 이상의 에너지는 대부분 지방 세포 안에 중성 지방으로 저장해.

   지방은 우리 몸이 쓰는 엄청 연비가 좋은 연료야. 탄수화물이나 단백질이 1g당 4kcal의 열량을 내는데, 지방은 1g당 9kcal의 열량을 내거든. 하지만 지방의 역할은 여기에서 끝나지 않아. 체내 지방은 피부

아래에 저장되어 체온을 유지하는 데 도움이 되고 외부의 충격으로부터 장기를 보호하는 역할도 해. 그뿐 아니라 우리 몸의 모든 세포의 세포막 성분은 '인지질'이라는 지질이야. 인지질은 중성 지방 분자에서 지방산 하나가 인산기로 바뀐 분자지.

인산은 말 그대로 산이어서 물에 잘 녹는 성질을 갖고 있어. 우리 몸은 거의 물로 되어 있다고 했지? 그래서 세포막을 구성하는 인지질은 인산이 물로 이루어진 세포 안과 밖을 향하고 지방산들은 막의 내부를 향하는 구조를 이루고 있단다. 신경 세포 뉴런을 감싸는 미엘린도 인지질로 이루어져 있어.

우리 몸에서 중요한 호르몬도 지질이야. 호르몬은 우리 몸에서 몸

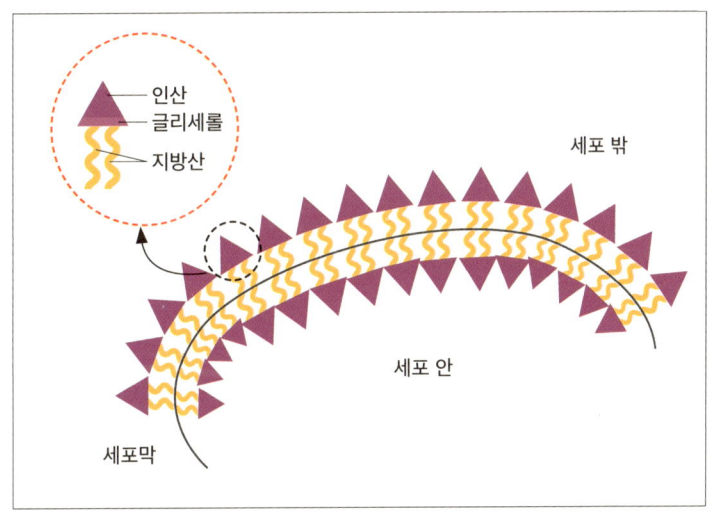

세포막을 구성하는 인지질

의 상태에 따라 명령을 내려서 여러 생리 작용을 일으키지. 일종의 메신저와 같은 역할을 하는 거야. 인슐린과 같이 단백질로 만들어진 호르몬도 있지만 스테로이드나 에이코사노이드와 같이 지질로 이루어진 호르몬도 있어.

포화 지방산과
불포화 지방산

지방은 기름과 비슷하지만 완전히 같지는 않다고 했지? 지방 중에서 상온(15℃ 정도)에서 액체인 것을 기름이라고 해. 콩기름, 참기름, 들기름, 올리브유 등이 있지. 그런데 버터, 마가린 그리고 소기름이나 오리기름 등은 약간 서늘하면 굳어 있는 걸 볼 수 있어.

  모든 물질은 온도에 따라서 고체, 액체, 기체 중 한 가지 상태를 갖고 있어. 온도가 낮으면 분자들이 빽빽하게 들어찬 상태로 거의 움직이지 않는데, 이런 상태가 바로 고체야. 온도가 높아지면 분자들이 열에너지를 받아서 들뜨고 이리저리 진동하거나 움직이지. 그러면 분자들 사이의 결합이 느슨해지면서 물질은 형태 없이 이리저리 흐르는 액체가 돼. 온도가 더 올라가서 분자를 하나로 묶어 주고 있던 결합을 끊을 만큼 에너지가 많아지면 각각의 분자들이 떨어져 나가는 기체가 되는 거야.

지방도 마찬가지야. 그런데 각각의 지방은 종류에 따라 고체에서 액체로, 또는 액체에서 고체로 변하는 온도, 즉 녹는점이 각기 달라. 녹는점이 상온보다 낮으면 상온에서 녹아 있는 상태, 즉 액체이고, 상온보다 높으면 녹지 않은 상태, 즉 고체겠지?

보통 식물의 씨앗이나 열매로 만든 식용유, 그러니까 올리브유, 콩기름, 참기름, 카놀라유 등은 상온에서 맑은 액체야. 반면 우유의 지방으로 만든 버터나 고기 기름은 희거나 노란색의 고체 형태를 하고 있지. 같은 지방인데 왜 이런 차이가 생길까?

포화와 불포화

중성 지방은 글리세롤에 긴 지방산 사슬이 붙어 있어. 지방산에는 포화 지방산과 불포화 지방산이 있는데, 포화 지방산은 모든 탄소들이 이중 결합 없이 단일 결합으로 이어져 있는 지방산을 말해.

'포화'라는 단어는 뭔가를 더 넣을 수 없이 가득 찼다는 뜻이야. 포화 지방산에서 포화되는 것은 수소야. 4개의 팔을 가진 탄소들이 서로 손에 손을 잡고 죽 늘어선 다음 남은 2개의 팔에 수소가 가서 매달릴 수 있겠지? 수소가 잡을 수 있는 탄소의 손을 모두 잡으면 수소로 '포화'되었다고 해. 한편 탄소와 탄소 사이에 이중 결합이 있다는 것은 탄소가 옆 탄소와 4개의 팔 중 2개의 팔을 이용해서 손을 잡고 있다는 의미야. 이것이 불포화지.

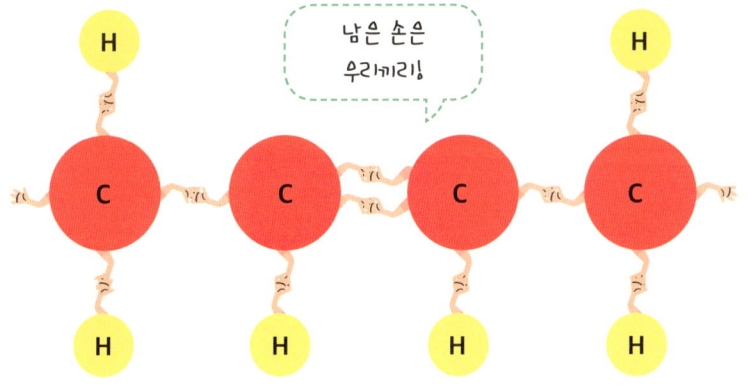

불포화 지방산

포화 지방산

지방산의 길이에 따라, 즉 탄소 수에 따라 다양한 포화 지방산이 있어. 지방이 풍부한 육류와 우유, 치즈, 버터 등 유제품에 포화 지방산이 많이 함유되어 있지. 가장 흔한 동물성 지방의 포화 지방산은 탄소가 16개인 팔미트산이야. 탄소가 18개인 스테아르산도 많은 편이고. 식물성 기름은 대부분 불포화 지방산을 많이 가지고 있지만, 팜유, 코코넛 오일에는 포화 지방산이 많이 들어 있어.

마치 일직선의 셀룰로스가 촘촘하게 밀집해서 단단한 결합을 만들듯 이중 결합이 하나도 없는 포화 지방산으로 이루어진 지방은 지방들끼리도 차곡차곡 빈틈없이 공간을 채우며 포개진단다. 그래서 이런 지방들은 대체로 상온에서 고체야.

포화 지방산이 건강에 안 좋기 때문에 덜 먹어야 한다는 애기를 많이 들었지? 왜 그럴까? 녹는점이 높아 상온에서도 고체인 포화 지방산은 우리의 몸, 우리의 혈액 안에서도 똑같이 쉽게 굳어지겠지? 잘 굳어지는 기름이 혈관 벽에 쌓여서 혈관이 좁아지면 혈액의 흐름에 문제가 생기고 중요한 혈관이 막히면 생명에도 지장을 줄 수 있어. 이런 병을 '동맥 경화증'이라고 해. 마치 하수구 배관에 음식 찌꺼기, 기름 찌꺼기가 쌓여서 계속 좁아지듯 혈관이 점점 막혀 가는 병이야.

물론 실제로 병이 일어나는 원인은 훨씬 복잡하고 다양하지만, 포화 지방산을 많이 먹으면 동맥 경화증에 큰 영향을 주는 나쁜 콜레스테롤 수치가 높아진다는 사실은 연구 결과로도 입증되었어.

불포화 지방산

그렇다면 불포화 지방산은 뭘까? 수소로 포화되지 않았다는 의미는 탄소 사슬에 이중 결합이 있다는 의미야. 팔이 모두 4개인 탄소가 왼쪽 탄소와 손잡는 데 하나, 오른쪽 탄소와 손잡는 데 2개를 쓰고 남은 1개로 수소와 손을 잡고 있는 거지. 그런데 생물에 의해 만들어지는 불포화 지방산은 수소들이 같은 방향으로 붙어 있어. 다음 그림에서 보듯 수소가 한쪽에 몰려 있어서 수소끼리 서로 밀쳐 내는 힘이 작용해서 탄소 사슬이 이중 결합 부분을 중심으로 구부러지게 돼.

이중 결합이 여러 개가 있을 경우에는 지방산 사슬이 왕꿈틀이처럼 마구 구부러지고 꼬여 있단다.

이처럼 불포화 지방산은 이리저리 휘고 구부러져 있기 때문에 빽

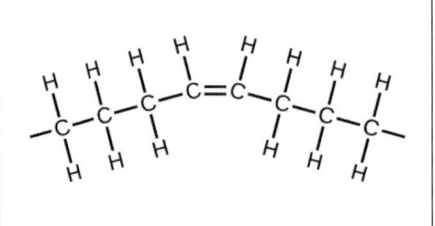

불포화 지방산

빽하게 채워지지 않고 느슨하게 띄엄띄엄 자리 잡고 있게 돼. 그래서 상온에서 액체지. 분자들이 빽빽하게 서로 가까이 모여 있으면 고체, 분자들이 느슨하게 서로 좀 더 떨어져 있으면 액체가 되는 거, 이해되지?

참기름, 들기름, 콩기름, 카놀라유 등의 식용유, 호두, 잣, 아몬드와 등의 고소한 견과류, 아보카도에 불포화 지방산이 많이 들어 있어. 대체로 식물성 지방은 불포화 지방산, 동물성 지방은 포화 지방산이 많아. 그런데 예외가 있어. 팜유나 코코넛 오일은 식물성 지방인데도 포화 지방산이 풍부해. 고등어, 삼치, 정어리, 연어와 같은 등 푸른 생선은 동물성 지방인데도 불포화 지방산이 매우 많아.

불포화 지방산은 포화 지방산에 비해 건강에 이로워. 신선한 채소와 올리브유를 많이 먹는 지중해 지역, 생선을 많이 먹는 일본의 오키나와 지역 사람들이 장수하는 원인이 질 좋은 불포화 지방산 덕분이라는 주장도 있지. 불포화 지방산은 체내에서 다양한 물질로 전환되어 면역, 혈압 조절, 혈액 응고, 염증 반응, 호르몬 합성 등의 체내 조절 반응에 관여하거든. 일부 불포화 지방산은 꼭 필요한데 우리 몸에서 합성할 수 없기 때문에 반드시 음식으로 섭취해야 해.

슈퍼스타, 오메가 3

포화 지방산보다 불포화 지방산이 건강에 더 좋지만, 불포화 지방산 중에서도 더 좋은 것이 있어. 가장 사랑받는 인기 불포화 지방산이 뭘까? 광고에서 많이 들어 봤을 텐데, 바로 '오메가 3(쓰리)'야.

오메가 3, 6, 9

불포화 지방산에는 오메가 3만 있는 게 아니고 오메가 6(식스), 오메가 9(나인)도 있어. 불포화 지방산은 탄소 사슬에 이중 결합이 있는 지방산이라고 했지? 오메가 3, 오메가 6, 오메가 9는 불포화 지방산을 이중 결합의 위치에 따라 구분한 거야. 지방산에서 글리세롤 깃대에 붙는 쪽이 머리고 나머지 탄소와 수소 사슬을 꼬리라고

보면 돼. 그래서 머리 쪽 탄소를 1번으로 해서 꼬리 쪽으로 가면서 숫자가 늘어나도록 번호를 매기는데, 이중 결합의 위치를 셀 때는 꼬리 쪽부터 세도록 되어 있어.(93쪽 아래 그림 참조)

이중 결합이 끝에서 세 번째 탄소부터 있으면 오메가 3 지방산이라고 불러. 오메가(ω)는 그리스 알파벳의 맨 마지막 글자야. 그러니까 '오메가 3'라는 의미는 '끝에서 세 번째'라는 의미로 보면 돼. 오메가 6와 오메가 9 지방산은 각각 끝에서 여섯 번째와 아홉 번째에, 오메가 3는 끝에서 세 번째 탄소부터 이중 결합이 있는 지방산이라는 뜻이야.

오메가 3는 우리 몸에 꼭 필요한 필수 지방산이지만 체내에서 만들어지지 않기 때문에 음식으로 섭취해야 해.

대표적인 오메가 3 지방산	기능	함유 식품
알파리놀렌산	다른 오메가 3 지방산 합성의 재료가 됨. 중성 지방과 콜레스테롤 수치를 낮춰서 심혈관 질병을 예방.	들깨, 유채, 콩, 아마씨 등 식물의 씨앗, 시금치, 브로콜리, 케일과 같은 푸른 채소, 베리류
EPA	염증을 줄여 주는 효과. 혈액 내의 중성 지방 농도를 낮춰서 심혈관 질병 예방.	연어, 정어리, 멸치 등 생선류
DHA	뇌와 눈의 망막의 중요한 성분 (뇌 지방산의 40%, 망막 지방산의 60% 구성) 아기의 뇌 발달을 위해 모유에 함유되어 있음.	연어, 정어리, 멸치 등 생선류

좋은 콜레스테롤과 나쁜 콜레스테롤

오메가 3가 사람들의 건강을 구하는 슈퍼스타라면, 콜레스테롤은 사람들의 건강을 해치는 악당이라고 할 수 있지. 콜레스테롤은 지방이 아니라 지질에 속하는 물질이야.

  콜레스테롤은 앞에서 살펴본 깃발 3개가 달린 깃대와 비슷하게 생긴 지방(중성 지방)과 완전히 다르게 생겼어. 옆의 그림에서 벌집의 칸과 같은 육각형 고리 3개에 오각형 고리 하나가 붙어 있는 부분을 '스테롤'이라고 해. 우리 몸에서 코티솔, 여성 호르몬, 남성 호르몬 등 중요한 호르몬을 만드는 스테로이드 분자도 모두 이 기본적인 뼈대를 갖고 있단다. 그래서 콜레스테롤은 이런 호르몬을 만드는 재료로 쓰이기도 해. 이뿐만 아니라 우리 몸에서 세포막을 구성하고 담즙산을 만드는 등 중요한 역할을 하지.

하지만 핏속에 콜레스테롤의 농도가 너무 높으면 심장병과 혈관 질환 등 무서운 병을 일으키기 때문에 공포와 혐오의 대상이 되었어. 우리 몸속의 콜레스테롤은 보통 나쁜 콜레스테롤이라고 하는 'LDL 콜레스테롤'과 좋은 콜레스테롤이라고 하는 'HDL 콜레스테롤'로 나누어져. LDL 콜레스테롤의 농도는 동맥 경화증, 심장병, 뇌졸중 위험과 뚜렷한 상관관계를 가지고 있는데, HDL 콜레스테롤은 나쁜 콜레스테롤을 몸 밖으로 배출해서 건강에 도움이 돼.

콜레스테롤이 혈관을 막는 무서운 물질이라는 이미지 때문에 건강을 걱정하는 사람들은 달걀노른자나 새우와 같이 콜레스테롤 함량이 많은 식품을 무조건 피하기도 했어. 그런데 혈액 속의 콜레스테롤 농도는 우리가 먹는 음식 속의 콜레스테롤 함유량과 정확하게 비례하지는 않아. 오히려 포화 지방산이나 트랜스 지방산이 혈액 속의 콜레스테롤 농도를 높이는 주요 범인이라는 연구 결과도 있어. 또 혈액 속의 콜레스테롤 농도는 유전의 영향이 굉장히 커. 음식으로 먹는 콜레스테롤보다 우리 몸에서 콜레스테롤을 만들거나 분해하는 활동의 영향을 많이 받기 때문이지.

그러니까 콜레스테롤이 악당이냐 아니냐 하는 것은 논란의 여지가 있어. 최근에는

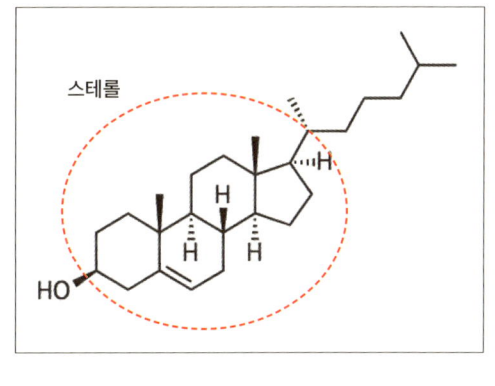

콜레스테롤

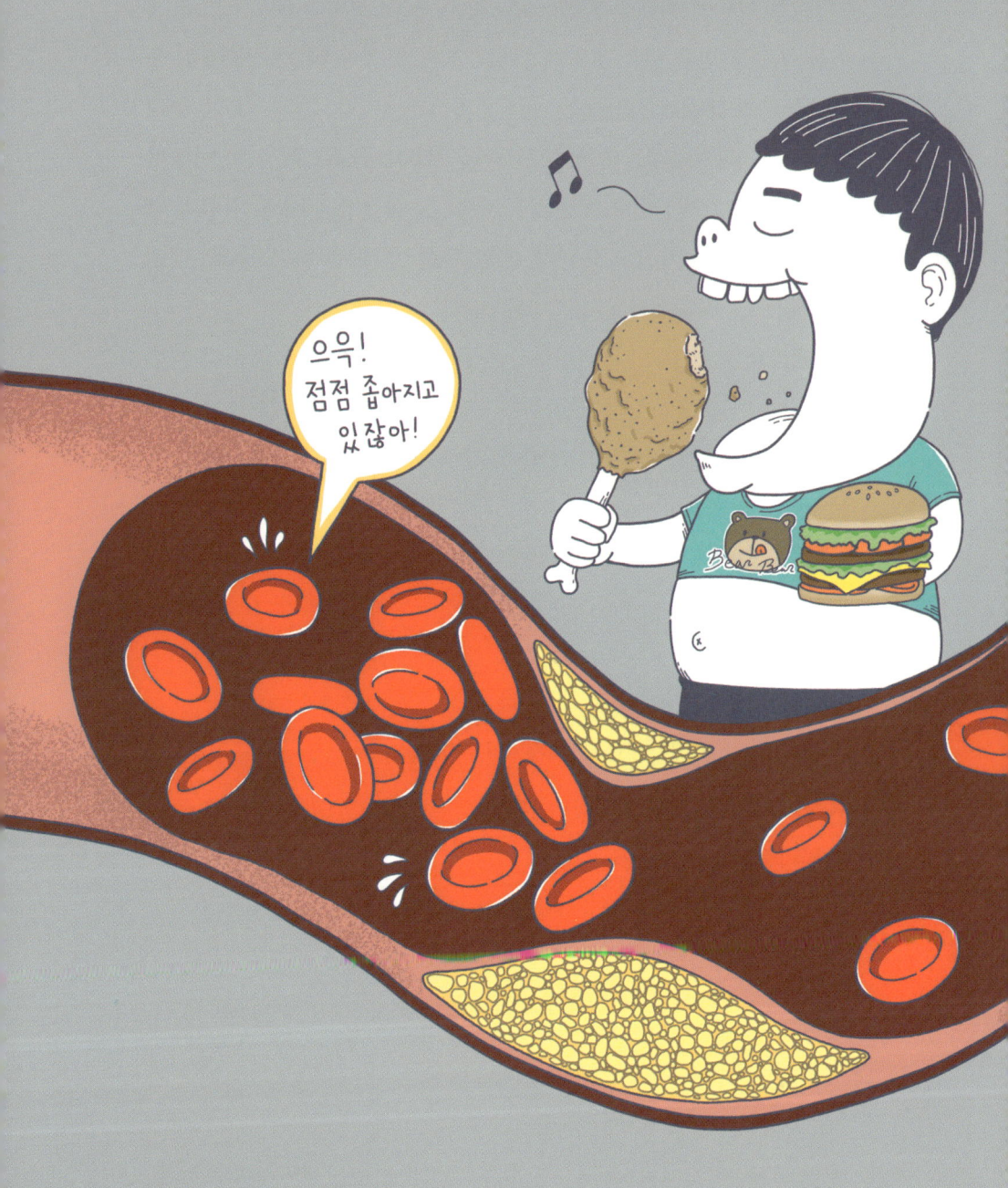

그렇지 않다는 증거들이 발견되고 있지.

  달걀노른자에 콜레스테롤이 많이 들어 있다고 하지만 하루에 달걀 2개 정도는 너무 걱정하지 않고 먹어도 돼. 오히려 지방이 골고루 박힌 투플러스(1^{++}) 소고기나 바삭바삭하게 튀긴 도넛의 콜레스테롤이 더 높아. 하지만 이미 콜레스테롤 수치가 높은 사람이라면 지방 함량이 높은 음식을 피하고 채소와 과일, 통곡물을 많이 먹고, 운동을 열심히 해서 수치를 내리도록 노력해야 해.

지방의 소화와 흡수

음식으로 먹은 지방의 소화는 소장에서 시작돼. 먼저 쓸개에서 만들어진 쓸개즙(담즙)이 소장으로 분비되지. 쓸개즙은 지방을 유화시키는 역할을 해. 유화란 뭘까?

그릇에 묻은 기름은 물에 씻겨 내려가지 않아. 물과 기름은 서로 안 섞이기 때문이지. 그런데 주방 세제가 있으면 간단히 씻어 낼 수 있어. 그 이유는 세제 속 계면 활성제가 기름을 둘러싸 작은 방울로 만들어 물에 골고루 퍼지게 하기 때문이야. 계면 활성제는 물과 친한 부분과 기름과 친한 부분을 모두 가지고 있어서 서로 안 섞이는 액체들이 섞이도록 해 줘. 이것이 유화야.

인지질은 물에 잘 녹는 머리와 기름에 잘 녹는 꼬리를 가진 분자야. 우유가 물과 유지방으로 이루어져 있는데도 층이 분리되지 않는 이유는 우유 속 인지질이 지방을 유화시키고 있기 때문이지. 마요네즈를 만들 때 기름과 식초에 달걀노른자를 넣고 섞잖아? 달걀노른자를 넣는 이유는 그 속의 인지질이 계면 활성제 역할을 해서 기름과 식초가 균일하게 섞이도록 해 주기 때문이야. 우리가 손을 씻을 때 기름때까지 씻겨 나가 뽀득해지는 이유도 비누가 계면 활성제이기 때문이야. 이와 비슷하게 우리 몸속에서는 계면 활성제인 쓸개즙이 지방을 감싸 유화시킴으로써 물에 잘 녹는 소화 효소가 접근할 수 있게 해 주는 거지.

그런 다음 지방을 분해하는 효소(라이페이스)가 중성 지방에서 2개의 지방산을 떼어 내. 이렇게 분해한 것을 다시 쓸개즙이 잘 감싸서 물에 녹는 미포(micelle)를 형성하지. 미포는 유화된 지방산의 작은 기름방울이라고 보면 돼.

미포가 소장 세포에 흡수된 다음 대부분의 지방산은 다시 합체해서 중성 지방을 만들어. 그다음 중성 지방은 단백질, 인지질, 콜레스테롤 등과 합체되어 '킬로미크론'이라는 덩어리 상태로 혈액을 통해 몸 곳곳으로 운반되지.

지방이 세포 안으로 들어가기 위해서는 세포 표면에 있는 지방 분해 효소가 2개의 지방산을 떼어 버려야 해. 일단 들어간 다음에는 다시 중성 지방으로 결합해 저장되거나 각 세포에서 대사되어 에너지를 내지. 그러면 적혈구와 신경 세포를 제외한 모든 세포들이 지방을 연료로 에너지를 얻을 수 있어.

트랜스 지방의 흥망성쇠

아마 과자와 같은 가공식품, 패스트푸드에 트랜스 지방이 많으니 먹지 말라는 잔소리를 수도 없이 들었을 거야.

트랜스 지방이 무엇이기에 그렇게 건강에 해롭다는 걸까? 트랜스 지방산은 불포화 지방산으로 이루어진 식물성 지방에 수소를 넣어 포화 지방산으로 만든 거란다. 분명 식물성 지방인데 동물성 지방의 특성을 갖게끔 둔갑시킨 거지.

━━━
트랜스 지방산

값이 비싸서 그렇지 우유로 만든 버터나 돼지기름으로 만든 라드 등 동물성 지방으로 만든 음식은 맛이 좋아. 버터가 많이 들어간 쿠키와 빵, 라드로 볶은 요리는 인기가 많지.

왜 사람들은 동물성 지방을 좋아할까? 우리가 초콜릿을 좋아하는 것은 달콤하고 쌉싸름한 맛 때문이기도 하지만 입에 넣었을 때 체온으로 사르르 녹는 감촉이 큰 역할을 하고 있단다.

간단히 실험해 볼까? 팥빙수나 아이스 음료와 함께 초콜릿을 입에 넣고 깨물어서 맛을 봐 보렴. 초콜릿이 녹지 않아서 뻑뻑한 플라스틱이나 왁스 조각을 깨문 느낌이 들 거야.

입안에서 부드럽게 녹는 그 감촉이 우리가 동물성 지방, 즉 포화 지방산을 좋아하는 큰 이유 중 하나거든. 그래서 빵과 과자를 만들 때 고급 빵집에서는 버터를, 대량 생산하는 식품 회사에서는 주로 라드를 사용했어. 그런데 버터는 말할 것도 없고 라드도 식물성 기름에 비해서는 꽤 비싼 지방이었지.

크리스코 요리책

그래서 20세기 초 과학자들이 불포화 지방산의 이중 결합에 수소를 첨가해서 액체인 기름을 고체로 만드는 방법을 연구했어. 1909년 미국의 기업 프록터 앤 갬블(P&G)이 과학자들로부터 특허를 사들여서 기름을 수소화시킨 제품을 판매하기 시작했지. 이 제품은 미국에서 '크리스코'라는 상표명으로 팔리기 시작했어. 본격적인 트랜스 지방 시대가 개막된 거지. 프록터 앤 갬블은 크리스코를 이용하는 조리법을 소개하는 요리책을 만들어서 배포하는 등 대대적으로 광고를 했고 크리스코는 불티나게 팔리기 시작했단다.

버터나 라드는 비싸서 마음껏 쓰기 어려웠는데 저렴한 트랜스 지방이 같은 효과를 주니까 식당, 빵집, 식품 회사 모두 두 팔 벌려 환영했던 거지. 가정에서는 버터 대용품인 마가린을, 식당이나 식품회사에서는 라드 대용품인 쇼트닝을 쓰기 시작했어. 그리고 트랜스 지방은 또 다른 장점도 가지고 있었어. 제품의 맛과 신선도가 오래 유지되어서 유통 기한을 늘릴 수 있다는 거였지.

그런데 1990년대에 이르러 트랜스 지방이 몸에 해롭다는 증거들이 나오기 시작했어. 많은 연구 결과에서 트랜스 지방을 섭취하면 몸 안에 염증 물질이 늘어나고 중성 지방과 LDL 콜레스테롤의 수치가 높아지는 것으로 나타났지. 이렇게 되면 심장병이나 뇌졸중과 같은 무서운 질병을 일으킬 수 있어. 실제로 수많은 사람들이 트랜스 지방의 섭취로 목숨을 잃고 있다는 연구 결과도 발표되었지. 동물성 지방도 몸에 나쁘지만 트랜스 지방은 그보다 훨씬 더 위험했던 거야.

그래서 2000년대에 들어 많은 국가에서 트랜스 지방의 섭취와 사용을 경고하고 규제하기 시작했어. 세계 보건기구(WHO)에서는 하루 섭취하는 열량 중에서 트랜스 지방의 비율이 1% 미만(대략 2g 이하)으로 섭취하라고 권고하고 있단다.

과자나 라면과 같은 가공 식품의 영양 성분표를 살펴

식품의 영양 성분 표시

본 적 있니? 우리나라에서는 의무적으로 트랜스 지방 함량을 표시하도록 하고 있어. 그런데 성분 표시에 트랜스 지방이 0g이라고 나와 있다고 안심해서는 안 돼. 트랜스 지방이 0.2g 미만으로 들어 있으면 '0g'으로 표시할 수 있거든.

  가공식품이나 밖에서 사 먹는 음식이 트랜스 지방 섭취의 주범인 것은 사실이야. 하지만 자연 그대로의 식품도 조리법에 따라 트랜스 지방이 생길 수 있어. 고기를 불에 직접 굽거나 기름을 가열해서 튀길 경우 고기나 기름 속에 들어 있던 이중 결합이 변형되어 트랜스 지방이 생기거든. 센 불에 구워 먹는 고기나 튀김 음식이 몸에 나쁜 것은 단순히 포화 지방, 고열량 때문이 아니라 트랜스 지방의 영향도 있으니, 맛있더라도 너무 먹지 말길!

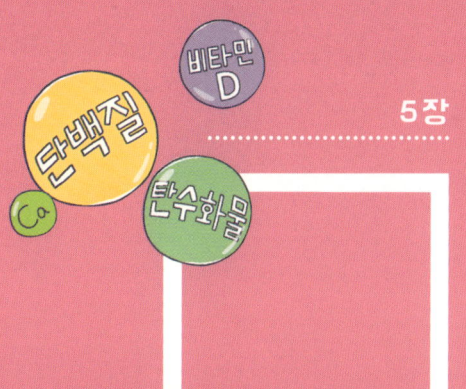

5장

작은 거인,
비타민과 무기질

비타민의
발견

약국과 마트의 선반에서, TV 광고 속에서 우리는 다양한 비타민과 무기질(미네랄) 영양제들을 만나 볼 수 있어. 또 비타민이 풍부한 채소나 과일을 많이 먹으라는 얘기도 들어 봤지?

　이처럼 중요하게 여겨지는 비타민과 무기질이 우리가 꼭 먹어야 하는 중요한 영양소의 자리에 오른 것은 비교적 최근의 일이야. 물론 고대 사람들도 어떤 음식이 부족하면 어떤 병에 걸린다는 사실을 경험적으로 알고 있었지만 구체적으로 음식 속의 어떤 물질 때문인지 명확하게 밝혀진 것은 고작 100년 전쯤이지.

　비타민의 존재가 밝혀진 것은 과학이 급격히 발달한 20세기에 이르러서였어. 그전까지는 탄수화물, 단백질, 지방 그리고 무기질 중 일부만이 인간의 생명 유지에 필수적인 영양소라고 생각했지. 1906년에 영국의 생화학자 프레더릭 홉킨스가 이런 영양소들을 따로따로 분리한 다음 적정량을 섞어서 생쥐들에게 먹이는 실험을 했어. 생쥐들은 병에 걸리고 죽거나 제대로 자라지 못했어. 그런데 생쥐들에게 우유를 한두 방울 추가해서 먹이자 다시 잘 자랐지. 이 결과를 보고 홉킨스는 탄수화물, 단백질, 지방, 무기질 외에 인간(동물)의 생장에 꼭 필요한 영양소가 더 있으며 그것은 아주 소량만으로도 커다란 효과를 발휘한다는 것을 알게 되었지. 그는 이것을 '보조적 식품 인자'라고 불렀는데, 훗날 비타민이라고 불리는 물질이었어.

한편 네덜란드의 의사 크리스티안 에이크만은 당시 네덜란드의 식민지였던 인도네시아에서 주민들이 많이 걸렸던 병을 연구 중이었어. '베리베리'라고 부르는 이 병에 걸리면 몸에서 힘이 빠져 축 늘어지고 신경과 근육에 이상을 보이다가 심장에 문제가 생겨 목숨을 잃기도 했지. 베리베리가 바로 그 지역 언어로 '힘이 없다'라는 뜻이라고 해. 이 병이 '각기병'이야. 에이크만은 주로 흰쌀밥을 주식으로 하는 사람들이 이 병에 걸리고, 그 음식 찌꺼기를 먹인 닭들도 비슷한 증상이 나타나는 것에 주목했어. 그런데 닭에게 현미(벼의 겉껍질만 벗겨 낸 쌀)를 먹이면 증상이 금방 나아졌지. 그래서 그는 흰쌀에는 없고 속껍질에 존재하는 어떤 요소가 병을 예방하는 효과를 갖고 있다고 결론 내렸어. 그리고 이 물질을 '항각기병(anti-beriberi) 인자'라고 이름을 붙였단다.

1912년에 폴란드의 생화학자 카지미르 풍크가 에이크만의 연구를 이어받아 쌀의 배아에서 각기병 예방 효과를 가진 물질을 추출하고 화

학적 구조를 밝혀내고자 했어. 그는 티아민, 니아신 등으로 밝혀진 몇 가지 물질들을 찾아냈지. 이 물질들은 공통적으로 질소를 포함한 '아민'이라는 화합물이었기 때문에 풍크는 이 물질에 '생명에 꼭 필요한'이라는 의미의 '바이탈(vital)'과 '아민(amine)'을 합쳐서 필수적인 아민이라는 의미의 바이탈아민, 줄여서 비타민이라고 이름을 붙였단다.

그 이후 비타민 연구는 수많은 과학자들이 관심과 열정을 쏟아붓는 치열한 경연장이 되었고 10명이 넘는 과학자들이 비타민의 구조를 발견하거나, 분리해 내거나, 합성한 공로로 노벨 화학상과 노벨 생리의학상을 받았지.

무기질의 경우, 아주 오랜 옛날부터 사람들은 몸속에 몇몇 원소들이 들어 있고 음식을 통해 보충해 주어야 한다는 사실을 알고 있었어. 하지만 우리 몸속에서 어떤 원소들이 어떤 기능을 하고 얼마나 필요한지에 관한 지식은 20세기 들어서 비타민과 발맞추어 발전해 왔지. 그 이전에 여러 과학자들, 화학자나 농학자 들이 동물, 식물, 사람의 몸을 구성하는 원소를 분석하고 비료나 사료에 어떤 원소를 보충해 주어야 동식물이 잘 자라는지 연구해 온 것이 바탕이 되었던 거야.

18세기 후반 앙투안 라부아지에가 생물의 몸을 이루는 물질을 유기물과 무기물로 구분했어. 19세기에 독일 화학자 유스투스 리비히는 필요한 영양소 중 성장을 좌우하는 것은 넘치는 요소가 아니라 가장 부속한 요소라는 '최소량의 법칙'을 발견했어. 비록 식물을 대상으로 한 연구였지만 생물의 생장에 무기질이 필요하다는 사실과, 결핍을 막기 위한 최소량을 알아야 한다는 것은 영양학의 귀중한 발견이었지.

앞에서 살펴본, 우리가 살아가는 데 꼭 필요한 탄수화물, 단백질, 지방, 이 세 가지를 '거대 영양소'라고 불러. 영어로는 '매크로 영양소(macro nutrients)'라고 하지. 세 영양소는 두 가지 의미에서 '거대'한데, 첫째, 상당히 많은 양을 섭취해야 한다는 의미에서 '거대'하고, 둘째, 분자의 크기도 '거대'한 편이야. 녹말도 단백질도 구슬이 줄줄이 연결된 긴 사슬이 덩어리를 이루고 있는 형태잖아. 지방도 탄소가 줄줄이 이어진 긴 지방산들이 3개씩 붙어 있는 형태고.

반면 비타민과 무기질은 '미량 영양소', 영어로는 '마이크로 영양소(micro nutrients)'라고 해. 거대 영양소에 비해 매우 적은 양만 섭취해도 돼. 실제로 분자 크기도 작아. 비타민의 경우, 종류에 따라 조금씩 다르지만 대략 녹말이나 단백질 목걸이를 구성하는 구슬 하나 정도의 크기라 생각하면 돼. 무기질은 말 그대로 개별적인 원소들이야. 그 원자들은 이온 형태로 존재하기도 하고(전해질), 다른 분자를 구성하기도 하지.

세 가지 거대 영양소들이 우리 몸에서 에너지를 내는 연료나 몸을 구성하는 주요 재료로 쓰인다면, 비타민과 무기질은 이런 거대 영양소를 소화, 흡수, 분해해서 에너지를 내는 과정, 그 재료를 가지고 우리 몸의 부분을 만들어 나가는 과정을 돕고 조절하는 역할을 한단다.

비타민의
종류

비타민은 크게 수용성 비타민과 지용성 비타민으로 나누어. 수용성은 물에 녹는다는 뜻이고 지용성은 기름에 녹는다는 뜻이야.

수용성 비타민

우리 몸은 대부분 물로 이루어져 있기 때문에 수용성 비타민은 빠르게 몸속을 순환한 뒤 남은 것은 저장되지 않고 소변으로 배출된단다. 그렇기 때문에 많이 섭취해도 별 독성이 없어. 대신 꾸준히 섭취하지 않으면 결핍증이 생기기 쉽지. 결핍증이란 어떤 영양소가 부족해서 생기는 병을 말해.

수용성 비타민에는 비타민 B와 비타민 C가 있어. 두 개뿐이라 간단하다고? 미안. 비타민 B 안에 B1부터 B12까지 8개의 각기 다른 비타민들이 존재한단다.

비타민 B

비타민 B군, 비타민 B 복합체, 비타민 B 콤플렉스와 같은 말을 들어 본 적 있니? 비타민 B는 한 종류가 아니라 8개의 비타민들을 포함하는 커다란 집단이기 때문에 이렇게 한 묶음으로 불려. 맨 처음 발견된 비타민은 각기병(베리베리)을 치료하는 효과가 있는 물질이었어. 그래서 베리베리에서 B를 따서 비타민 B라고 불렸지.

비타민 B군은 어떤 면에서 비슷한 것일까? 이들은 세포 안에서 영양소의 대사에 관여하고 뇌와 신경계의 기능에 큰 영향을 미친단다.

영양소의 대사가 뭘까? 단백질, 탄수화물, 지방과 같은 커다란 분자들은 소화 과정을 거쳐 아미노산, 포도당, 지방산과 같은 구성 단위로 잘게 분해되지. 그리고 그 구성 단위 분자도 세포 안에서 더 작은 분자들로 쪼개지고. 왜 이렇게 분자를 쪼개고 쪼개고 또 쪼개냐고? 그 과정에서 우리 몸이 사용하는 에너지를 저장하는 작은 배터리, ATP를 만들기 위해서지. 마치 나무 장작을 때서 불을 피우거나 발전소에서 석탄을 태워 전기를 얻는 것과 비슷한 과정이야. 이런 과정을 '에너지 대사(metabolism)'라고 해. 한편 에너지를 써서 작은 분자 조각들로부터 우리 몸에 필요한 단백질과 지방과 같은 분자를 합성해 내는 과정도 '대사'라고 해.

이 과정에서 효소들이 전자나 양성자(H_4) 그리고 분자의 일부를 떼어 냈다가 붙였다가 하면서 뭔가를 쪼개거나 만들어 내지.

이때 떼거나 붙일 조각을 임시로 보관시키거나 다른 분자로 전달하는 데 사용하는 것이 '보조 효소'야. 보조 효소는 이름 그대로 효소의 조수라고 할 수 있어. 효소가 바쁘게 반응물들을 꽉 잡아서 반응을 시키면서 뭔가를 떼었다 붙였다 할 때 옆에 있는 보조 효소에게 "어이, 코엔자임(보조 효소) 군, 이거 좀 들고 있어 봐." 또는 "이거 좀 저쪽에 있는 내 동료 효소인 ○○씨에게 가져다줄래?" 하고 일을 시키는 거지.

비타민 B는 통곡물, 콩류, 견과류, 과일, 생선, 육류 등 다양한 음식에 들어 있어. 식물이나 동물이나 생물은 모두 살아가기 위해서 대사를 해야 하니까 효소와 보조 효소가 꼭 필요하겠지? 단백질인 효소가 가는 곳에 보조 효소인 비타민 B도 같이 가야 할 거고. 식물 중에 단백질이 풍부한 곡물의 배아 그리고 콩류와 견과류에 비타민 B 역시 많이 들어 있단다.

비타민 B는 에너지 대사에서 중요한 역할을 하기 때문에 부족하면 일단 피로하고 힘이 없어지겠지? 또 피부에도 문제가 생겨. 피부의 약한 부위에 염증이 생기는 거지. 신경계와 면역계도 제대로 일을 하지 못해서 관련된 각종 질병이 나타날 수 있어. 전반적으로 비슷하기는 하지만 각 비타민 중 하나가 특별히 많이 결핍되었을 때 나타나는 결핍증은 따로 표에 정리해 놓았어. 오늘날에는 음식이 풍부해지고 영양에 관한 지식도 늘어서 영양소의 결핍증은 많이 나타나지 않는 편이야.

	이름	역할	결핍증
비타민 B1	티아민	에너지 대사	각기병, 베르니케-코르사코프 증후군
비타민 B2	리보플라빈	에너지 대사	구순구각염, 빈혈
비타민 B3	니아신	에너지 대사	펠라그라
비타민 B5	판토텐산	에너지 대사	성장 지연, 피부병
비타민 B6	피리독신	아미노산 대사	성장 지연, 피부병, 동맥 경화증
비타민 B7	비오틴	지방산 합성, 아미노산 대사	피부염, 머리카락 가늘어짐
비타민 B9	엽산	핵산 합성, 적혈구 생성	태아 발달 지장, 빈혈, 구내염
비타민 B12	코발라민	핵산 합성, 아미노산과 지방 대사	빈혈, 위장관 증상, 신경염

비타민 C

비타민 C의 다른 이름은 아스코르브산(ascorbic acid)이야. 비타민 C의 결핍증인 괴혈병이 영어로 scurby(스커르비) 또는 scorbutus(스코르브투스)인데, 이것을 막아 주는 산이라는 의미에서 유래했어.

'괴혈병'이란 우리 몸의 결합 조직을 이루는 단백질인 콜라겐이 제대로 만들어지지 않아서 걸리는 병이야. 콜라겐을 만드는 데 비타민 C가 꼭 필요하거든. 콜라겐이 제대로 만들어지지 않으면 가장 약한 부위인 잇몸에서 피가 나고, 근육도 힘을 잃고, 나중에는 생명까지 잃을

수 있어.

비타민 C는 콜라겐 합성에서 필수적인 역할을 할 뿐만 아니라 우리 몸 안에서 세포를 공격하는 자유 라디칼을 막아 주기도 해. 자유 라디칼은 다른 물질로부터 전자를 뺏으려는 힘이 매우 강한 물질이야. 반면 비타민 C는 전자를 잘 내주는 성질이 있어. 그래서 전자를 뺏긴 물질에 전자를 주어 원래 상태로 회복시키는 항산화제 또는 환원제 역할을 한단다.

비타민 C는 귤, 오렌지, 레몬, 라임과 같은 감귤류 과일에 많고, 그 밖에 다른 여러 과일과 채소에도 풍부하게 들어 있어. 고추, 피망, 파프리카와 같은 채소에는 비타민 C가 감귤류 과일보다 더 풍부해.

대부분의 동물은 포도당으로부터 비타민 C를 합성할 수 있기 때문에 비타민 C가 필수 영양소가 아니야. 그런데 사람과 영장류, 박쥐 등 일부 동물은 비타민 C를 합성하지 못하는 쪽으로 진화했단다. 딸기, 키위, 사과 등의 과일과 브로콜리, 토마토, 감자, 양배추 등의 채소에도 비타민 C가 풍부하니까 맛있게 먹고 영양소를 보충해.

지용성 비타민

지용성 비타민은 물 대신 기름에 녹는 비타민이야. 앞에서 지방이 물에 녹지 않기 때문에 계면 활성제 역할을 하는 쓸개즙으로 잘 포장해서 흡수하고 혈관에서 이동시킨다고 했지? 지용성 비타민 역시 물에 녹지 않기 때문에 지용성 비타민만 영양제로 따로 먹는 것보다는 지방이 풍부한 식품과 함께 먹어야 잘 흡수될 수 있어.

지용성 비타민들은 바로바로 소변으로 배출되는 수용성 비타민과 달리 우리 몸속의 간이나 지방 세포 안에 오랫동안 저장될 수 있어서 필요한 것 이상으로 너무 많이 섭취하지 않도록 조심해야 해.

지용성 비타민에는 비타민 A, D, E, K가 있어.

비타민 A

비타민 A는 '눈' 영양소로 기억해 두자. 비타민 A의 가장 대표적인 결핍증은 '야맹증'이야. 야맹증은 어둑어둑한 밤에 잘 보지 못하는 증상을 말해. 우리 눈의 망막에는 '옵신'이라는 단백질이 있어. 비타민 A의 한 형태인 '레티날'이 옵신과 결합하면 '로돕신'이 되는데 로돕신은 어둠 속에서 빛을 감지하는 역할을 하지. 어둠 속에서 빛을 감지하면 로돕신이 다시 레티날과 옵신으로 분리되고 그때 나온 에너지가 시각 신경을 자극해서 시각 신호를 뇌로 보내는 거야.

그런데 이때 레티날이 소모되기 때문에 계속해서 비타민 A를 식품을 통해 공급받아야 해. 비타민 A가 심하게 부족한 상태가 지속될 경우 아예 시력을 잃을 수도 있어. 가난한 나라에서는 많은 아이들이 비타민 A 부족으로 실명되고 있다고 해. 이뿐만 아니라 피부와 점막의 건강, 정상적인 성장과 발달, 생식 능력을 유지하는 데도 비타민 A가 필요하단다.

비타민 D

비타민 D는 '뼈' 영양소라고 기억하면 돼. 비타민 D의 가장 중요한 역할은 칼슘 대사에 있어. 칼슘은 우리 몸의 뼈를 구성하고 근육과 신경을 조절하는 무기질이지. 비타민 D는 혈액 속에 칼슘이 충분한 농도로 존재하도록 조절하는 역할을 해. 소화관에서 칼슘이 더 많이 흡수되도록 하고, 콩팥(신장)에서 다시 흡수해서 배설되지 않게 하고, 심지어 뼛속에 있는 칼슘마저 방출되도록 해서 혈액 속 칼슘 농도가 낮아지지 않도록 한단다.

비타민 D의 대표적인 결핍증은 '구루병'이야. 성장기 어린이의 뼈가 정상적으로 발달하지 못해 다리나 등이 휘고 구부러지는 병이지. 어른은 뼈가 약하고 부서지기 쉬운 '골다공증'에 걸릴 수 있어. 뼈의 건강뿐만 아니라 비타민 D는 여러 가지 유전자의 발현에 영향을 주어서 여러 가지 질병을 예방하는 효과가 있어. 비타민 D가 부족할 경우 암이나 당뇨, 심지어 치매에 걸리기도 쉽다고 해.

비타민 D는 두 종류가 있는데 하나는 버섯에 많이 들어 있고, 다른 하나는 생선이나 고기와 같은 동물성 식품에 들어 있어. 또 우리 몸이 햇볕을 쬘 때도 만들어진단다. 비타민 D가 부족해지지 않도록 음식을 골고루 먹고 무엇보다 충분히 햇볕을 쬐도록 노력하자!

비타민 E

비타민 E는 수용성 비타민인 비타민 C와 마찬가지로 대표적인 '항산화 물질'이야. 우리 몸의 세포에서는 한시도 쉬지 않고 온갖 물질 대사와 수많은 화학 반응이 계속해서 일어나고 있어. 이 과정에서 자유 라디칼이 많이 생겨나. 자유 라디칼은 다른 분자로부터 전자를 뺏으려고 혈안이 되어 있는 분자 세계의 악당과 같은 물질이야(사실 자유 라디칼 자체도 전자를 뺏겼기 때문에 흑화된 것이긴 하지.). 우리 몸을 이루는 분자들을 공격해서 전자를 뺏고 그 과정에서 손상을 일으켜. 특히 DNA에 일으키는 손상은 노화나 각종 질병, 특히 암을 일으킬 수도 있는 심각한 일이란다.

이렇게 날뛰는 자유 라디칼에게 "옜다, 먹고 떨어져라."하고 전자를 주어서 잠잠하게 만드는 것이 바로 항산화 물질이야. 비타민 E는 항산화 능력이 매우 뛰어난 지용성 비타민이지. 비타민 E가 결핍될 경우 신경, 근육, 눈의 망막, 면역에 이상을 줄 수 있어.

비타민 E는 지방이 풍부한 식물성 식품에 많이 들어 있어. 호두, 아몬드와 같은 견과류가 대표적인 식품이지. 식물은 자신의 대를 이을 후손인 배아를 보호하기 위해 씨앗에 항산화 물질인 비타민 E를 넣어 두거든. 올리브유를 비롯한 식물성 기름에도 비타민 E가 많은데 식물성 지방은 불포화 지방산이 많아 산패되기 쉬워. 산패된 기름이나 식품은 특유의 전 내를 풍기게 되지.

비타민 K

비타민 K는 '혈액 응고'에 관여하는 비타민이야. K는 독일어로 '응고'를 뜻하는 koagulation(코아굴라치온)에서 비롯되었어. 몸에 상처가 나면 피가 나지? 그러면 먼저 혈소판이라고 하는 혈액 성

분이 손상된 혈관 부위로 가서 상처를 막아. 그다음 칼슘과 혈액 응고 인자라고 하는 여러 종류의 단백질이 차례로 작용해서 단단한 덩어리를 만들지. 이때 혈액 응고 인자를 활성화시키는 데 비타민 K가 중요한 역할을 해. 따라서 비타민 K가 결핍될 경우 작은 상처에도 피가 멎지 않아 위험한 상황이 될 수 있어.

보통은 장에 살고 있는 박테리아들이 충분한 비타민 K를 합성해. 그런데 항생제를 복용하거나 장에 질병이 있어서 박테리아가 비타민 K를 잘 만들어 내지 못할 경우 결핍이 일어날 수 있어.

다량 무기질과
미량 무기질

이 책의 앞에서 탄소, 수소, 산소, 질소 4가지 원소에 대해서만 우선 알아두자고 했지? 단백질, 탄수화물, 지방 그리고 비타민 역시 대부분 이 4가지 원소로 이루어져 있어(단백질을 이루는 아미노산 중에 황이 들어 있는 것도 있긴 하지만). 이런 물질들을 '유기물'이라고 해. 그렇다면 유기물이 아닌 물질은 뭐라고 할까? 무기물이라고 하지. 무기물 원소 가운데 우리 몸에서 어떤 역할을 수행하기 때문에 꼭 필요한 것을 무기질이라고 한단다. 무기질은 미네랄, 무기 염류와 같은 이름으로 불리기도 해.

  무기질은 비교적 많은 양을 섭취해야 하는 '다량 무기질'과 매우 적은 양만 필요한 '미량 무기질'로 구분할 수 있어.

다량 무기질

칼슘(Ca)

칼슘은 체중의 2%를 차지하는, 우리 몸에서 가장 풍부한 무기질이야. 뼈와 치아 등을 이루는 중요한 역할을 하지. 그뿐 아니라 칼슘은 근육과 신경 기능을 조절하는 역할도 한단다. 또 상처가 났을 때 혈액 응고 인자들과 결합해 혈액의 응고를 돕기도 해.

칼슘이 부족하면 뼈가 제대로 자라지 못하는 구루병에 걸리거나 근육 조절에 문제가 생기지. 그래서 우리 몸은 혈액 중 칼슘 농도를 항상 일정하게 유지하는 데 공을 들이고 있어. 앞에서 살펴본 비타민 D도 칼슘 농도를 조절하는 데 중요한 역할을 하는 영양소야.

칼슘은 우유와 유제품, 멸치와 같이 뼈째 먹는 생선에 많이 들어 있지. 우리 몸에서 칼슘이 빠져나가 뼈가 약해지는 것을 막기 위해서는 근육 운동을 하는 것이 효과적이야.

인(P)

칼슘 다음으로 우리 몸에 많은 무기질이야. 뼈에 존재하는 칼슘은 인산 칼슘, 즉 칼슘과 인산이 결합된 형태로 존재하는데, 인산을 구성하는 무기질이 바로 인이거든. 또한 인산은 유전 물질인 핵산, 즉 DNA와 RNA의 일부이기도 하지. 세포의 연료이자 에너지를 저장하는 작은 배터리 ATP의 P도 인산이야. 그리고 우리 몸의 지질 가운데 세포막 구성 성분인 인지질이 있는데, 여기에도 인이 들어 있어.

이렇게 매우 중요한 생리적 작용을 하는 인은 많은 식품에 풍부하게 들어 있어서 결핍이 일어나는 일은 거의 없어.

마그네슘(Mg)

마그네슘의 60% 정도는 뼈나 치아를 구성하고 있어. 나머지 마그네슘은 이온 상태*로 존재한단다. 이렇게 우리 몸 안에서 이온 상태로 존재하는 원소를 '전해질'이라고 해. 우리 몸에는 소듐(나트륨), 포타슘(칼륨), 염소, 마그네슘, 칼슘이 전해질로 존재하지. 전해질은 전기의 흐름을 만들 수 있기 때문에 신경 자극의 전달과 근육의 수축, 이완에 중요한 역할을 해.

한편 마그네슘은 에너지 대사와 단백질 합성을 담당하는 다양한 효소의 보조 인자 역할을 한단다. 보조 인자(cofactor)는 쉽게 말해 효소를 돕는다는 거야. 보조 효소와 비슷한 개념인데 비타민의 경우 보조 효소라 부르고 무기질의 경우 보조 인자라고 불러. 마그네슘은 우유, 콩류, 견과류, 시금치에 많이 들어 있지.

소듐(Na)과 포타슘(K)

소듐은 소금을 구성하는 원소라 음식을 짜게 먹으면 소듐을 지나치게 많이 섭취하게 돼. 오늘날의 식습관에서 소듐은 부족할까 봐 걱정할 영양소가 아니라 건강에 해롭기 때문에 피해야 하는 무기질이란다. 소듐은 혈압을 높여서 심혈관 질환과 같은 무서운 질병

* 가장 바깥 껍질에 있는 전자 2개를 버려서 플러스 전하를 띤 형태. 마그네슘 이온(Mg^{2+}).

의 원인이 되기 때문이지. 가공식품에도 소듐이 많이 들어 있기 때문에 되도록이면 덜 먹는 게 좋아.

  소듐과 포타슘은 흡수나 배출에서 서로 경쟁하는 관계에 있기 때문에 포타슘을 많이 섭취하면 소듐의 흡수를 줄이고 배출시키는 효과가 있어. 포타슘은 채소와 과일에 많이 들어 있지.

염소(Cl)

  소금은 우리 몸에 들어와 소화와 흡수 작용을 도와. 주로 위액이나 췌장액의 원료가 되어 음식물의 분해와 소화를 돕지. 소금이 NaCl이니까 소금을 먹을 때 소듐(Na)과 함께 염소(Cl)도 섭취하게 되겠지? 위에서 분비하는 염산이 HCl이야. 그러니까 염소는 소금 형태로 우리 몸에 들어와서 염산 형태로 배출되는 셈이지. 또 염소는 마이너스를 띠는 이온(Cl^-) 형태로 전해질 역할을 한단다.

황(S)

  메티오닌과 시스테인과 같은 아미노산에 황이 포함되어 있어. 이 아미노산들은 여러 중요한 단백질을 이루는 구성 성분이지. 또 시스테인 2개가 합쳐지면 황과 황이 결합해서 '시스틴'이라는 아미노산을 만드는데, 이것은 우리 머리카락에 풍부하게 존재한단다. 황은 마늘, 양파, 브로콜리, 양배추, 달걀노른자와 같은 식품에 많이 들어 있어.

미량 무기질

철(Fe)

철분이 부족하면 빈혈에 걸린다는 얘기를 들어 봤지? 우리가 살아가는 데 영양소만큼 중요한 것이 산소야. 아니, 산소는 영양소보다 더 절실하고 필요한 물질이지. 영양소의 경우 어느 정도 몸에 저장된 것을 꺼내 쓰면서 견딜 수 있는데, 산소는 몇 분만 공급되지 않아도 뇌사에 빠지거나 목숨을 잃게 되니까.

폐로 들이마신 공기 속의 산소를 온몸으로 운반하는 것이 혈액 속의 '적혈구'야. 적혈구 속에는 헤모글로빈이라는 단백질이 있는데 헤모글로빈 한가운데에 철이 있어서 산소 운반에 핵심적인 역할을 하고 있어.

생리, 임신, 출산 때 여성들은 빈혈에 걸리기도 해. 그래서 성장기 어린이와 청소년, 임산부에게는 철이 많이 필요하지. 철은 미역과 같은 해조류와 시금치, 케일 등 녹색 채소에 많이 들어 있어.

아이오딘(I)

아이오딘(요오드)은 갑상샘 호르몬인 '티록신'의 주성분이야. 갑상샘은 우리 목 앞쪽에 있는, 호르몬을 분비하는 샘이란다. 호르몬이란 우리 몸을 조절하는 화학적 신호 물질이라고 볼 수 있어. 우리 몸이 항상 일정하게 유지되고 정상적으로 작동할 수 있도록, 뭔가가 부족하면 더 만들어 내고, 지나치면 빨리 처리하라고 몸의 세포에게 명령을 내리는 화학 물질이지.

갑상샘 호르몬의 주요 성분인 아이오딘이 부족하게 되면 갑상샘의 기능이 떨어져. 그러면 피로감이 계속되고, 입맛이 없고, 체중이 늘고, 추위를 타고, 변비에 걸릴 수 있어. 심하면 갑상샘에 혹이 생기거나 부풀어 올라서 목이 불룩하게 튀어나오기도 해. 어린아이가 아이오딘 부족으로 갑상샘 저하증에 걸리면 성장과 발달이 제대로 이루어지지 못해 장애를 갖게 될 수도 있어.

아이오딘은 미역이나 김과 같은 해조류에 풍부해. 그래서 해조류를 많이 먹는 우리나라에서는 아이오딘 부족이 문제가 되는 경우는 드물어. 그리고 보면 아기가 태어났을 때 산모에게 미역국을 먹이는 전통은 조상의 지혜라고 할 수 있겠지?

그런데 바다에서 멀리 떨어져 있는 지역에서는 아이오딘 결핍이 심각한 발달 장애와 질병을 일으키기도 해. 전 세계 인구의 20% 정도가 아이오딘의 부족으로 고통받고 있을 정도야. 그래서 많은 나라에서는 소금에 아이오딘을 섞어서 판매하도록 법으로 정하고 있단다.

그 밖에도 음식으로 섭취할 수 있는, 우리 몸에 꼭 필요한 미량 무기질로는 다음과 같은 것이 있어.

미량 무기질	기능과 역할	함유 식품
아연(Zn)	DNA, RNA의 합성, 면역 세포인 T세포 활성화, 인슐린 합성 기능 조절	굴, 소고기, 돼지고기
구리(Cu)	뼈와 적혈구 형성	간, 해산물
셀레늄(Se)	항산화 효소 보조 인자	브라질너트, 해산물, 내장류
망간(Mn)	골격 구조 형성, 항산화 작용	곡물, 콩류
크로뮴(Cr)	당과 지질 대사에 관여	브로콜리, 포도
몰리브데넘(Mo)	아황산염 산화 효소 등 여러 효소의 보조 인자 역할	콩류, 견과류
코발트(Co)	비타민 B12 합성에 관여	달걀

괴혈병과 최초의 임상 시험

비타민이 발견된 것은 20세기 초의 일이지만 무서운 질병의 원인이 비타민 C의 부족 때문이라는 사실이 밝혀진 것은 그보다 빠른 약 150년 전의 일이었어. 다만 그때는 과학이 충분히 발전하지 못해서 결핍되었던 물질이 비타민 C라는 사실을 알지 못했을 뿐이지.

비타민 C의 결핍증인 괴혈병은, 지금은 거의 자취를 감추었지만 과거에는 아주 무서운 병이었어. 우선 잇몸에서 피가 나고 악취를 풍기다가 이가 빠지고 다리가 붓고 힘이 없어지지. 병이 심해지면 피부와 점막이 헐고 상처가 생겨서 고름이 흘러내리기도 해. 심지어 예전에 아물었던 상처가 다시 벌어지기도 했지. 환자들은 좀비처럼 무서운 모습으로 변해 가다가 결국 목숨을 잃었어.

파피루스에 기록된 고대 이집트의 문서에도 괴혈병이 언급되어 있고, 중세 십자군 전쟁 때도 병사들이 괴혈병을 앓았다는 기록이 있지. 하지만 괴혈병이 악명을 떨치게 된 것은 유럽인들이 신대륙을 찾아 나서던 대항해 시대였어. 포르투갈의 탐험가 바스쿠 다가마가 1498년에 인도 항로를 개척할 때 함께했던 160명의 선원 중 100여 명이 괴혈병으로 사망했거든. 그 이후 17세기에서 18세기 사이에도 괴혈병으로 사망한 사람들의 수가 200만 명이나 될 정도였지. 또 나폴레옹 전쟁 때 프랑스 해군의 40%가 전투 한번 못 하고 괴혈병으로 사망했다고 해.

1747년 스코틀랜드의 의사인 제임스 린드가 군함 솔즈베리호에 군의관으로 승선했어. 출항 후 두 달쯤 지나자 일부 선원들이 괴혈병 증상을 보이기 시작했지. 린드는 괴혈병이 부패와 관련이 있을 것이라고 생각했어. 그래서 부패를 막을 수 있을 것이라고 생각되는 여러 종류의 식품을 환자들에게 시험해 보았지. 그는 괴혈병에 걸린 12명의 선원을 2명씩 6개 그룹으로 나누어서 각각 다른 치료법을 적용해 보았어.

첫 번째 그룹에는 사이다(사과를 발효시켜서 만든 술과 비슷한, 알코올을 함유한 음료)를, 두 번째 그룹에는 황산과 알코올을 섞은 비트리올 물약, 세 번째 그룹에는 식초, 네 번째 그룹에는 바닷물, 다섯 번째 그룹에는 오렌지 2개와 레몬 1개, 여섯 번째 그룹에는 마늘, 겨자씨 등 매운 향신료 가루와 보리차를 주었어. 환자들은 어떻게 되었을까? 6일이 지났을 때 오렌지와 레몬을 먹은 환자들만 괴혈병 증상에서 벗어났단다.

이 실험이야말로 세계 최초의 '임상 시험'이라고 할 수 있어. 임상 시험이라는 말을 들어 봤니? 오늘날 제약 회사나 연구자가 새로운 약이나 치료법을 개발하면 반드시 임상 시험을 거쳐서 승인을 얻어야만 환자에게 적용할 수 있어. 약이나 치료법이 안전한지, 그리고 효과가 있는지를 확실히 해 두기 위해서지. 임상 시험에서는 환자를 두 개 이상의 그룹으로 나눈 뒤, 각기 다른 치료를 한 후 치료 결과를 통계적으로 비교해서 약이 효과가 있는지 따져 본단다. 오늘날의 임상 시험은 훨씬 복잡하고 정교하고 많은 조건들이 붙지만, 200년도 더 전에 제임스 린드가 선원들에게 실시했던 실험은 임상 시험의 핵심을 담고 있어. 실험과 실증과 실천이라는 과학의 정신도 고스란히 담겨 있고.

선원들이 잘 걸리는 괴혈병을 예방하고 치료할 물질이 오렌지나 레몬과 같은 감귤류 과일에 들어 있다는 사실을 제임스 린드가 밝혀내자 영국 해군은 항해를 할 때마다 이런 과일을 배에 싣고 다니면서 선원들에게 먹도록 권장했어. 처음에는 레몬과 오렌지를 주었다가 나중에는 좀 더 값이 싼 라임 주스를 지급했지. 그래서 영국 해군은 '라이미(limey)'라는 별명을 얻게 되었어. 바다의 사나이라면 럼주와 같은 독한 술을 마셔야 제격인데 여자아이처럼 새콤한 라임 주스나 마시고 있다고 놀림감이 된 거지. 그러나 남이야 놀리든 말든 라임 주스를 배에 두고 마신 덕분에 영국의 해군은 다른 어떤 나라의 선원보다 건강한 상태로 항해를 할 수 있었고, 그것은 영국이 세계의 바다를 지배하게 된 중요한 비결이었단다.

"고작 라임 주스 하나가 이런 차이를 만들다니!"라는 생각이 들지 않니? 이 사례만 보더라도 우리는 잘 먹어야 건강을 지킬 수 있고, 건강해야 무엇이든 뜻하는 바를 이룰 수 있다는 사실을 배울 수 있어.

작가의 말

자, 지금까지 우리는 탄수화물, 단백질, 지방, 비타민, 무기질, 이렇게 다섯 가지 영양소에 관해 알아봤어. 식물이 햇빛 에너지를 이용해 만든 포도당으로 이루어졌으며 우리가 살아가는 데 필요한 에너지를 주는 탄수화물, 아미노산의 조합으로 만들어진 정교한 분자 기계이며 로봇처럼 우리 몸에서 다양한 일을 하는 단백질, 농축된 에너지 저장 물질이자 우리 몸을 이루며 다양한 역할을 수행하는 지방, 매우 적은 양이면 충분하지만 없으면 심각한 결핍을 일으키는 비타민과 무기질, 이 다섯 가지 영양소가 몸속에서 잘 어우러져 우리의 건강을 지켜 주듯, 영양소에 관한 지식도 독자들의 머릿속에서 조화롭게 연결되어 이것을 통해 생명과 자연이라는 큰 그림을 볼 수 있으면 좋겠어.

그 결과, 이 책을 읽고 나서 "네가 먹는 것이 바로 너야."라는 속담에 고개를 끄덕이게 되었으면 해. 탄수화물, 단백질, 지방, 비타민 분자들이 탄소, 산소, 수소, 질소라는 4가지 원소가 레고 조각처럼 연결되어 만들어진 모델, 또는 네 가지 문자로 쓴 단어나 문장이라는 사실도 흥미롭게 기억해 주길 바라.

교훈보다는 지식을 전달하기 위해 쓴 책이지만, 읽고 나서는 음식을 먹을 때마다 더 나은 선택을 하면 좋겠어. 우리가 먹는 음식은 우리 몸을 만들고 삶을 지탱해 주지. 좋은 음식을 먹어야 좋은 몸을 갖게 되고 좋은 삶을 살 수 있단다.

어떤 음식이 좋은 음식이고, 어떤 음식을 피해야 할까? 인간의 역사 동안, 우리 조상들은 자연의 일부로 살아왔어. 그 과정에서 먹었던 음식들, 우리 몸의 진화와 함께 천천히 적응해 온 음식과 식습관이 가장 안전하고 좋은 것이라고 생각해.

산업 혁명 이후 세상이 너무나 빠르게 발전했고, 사람들은 바빠지고 물질적으로는 풍요로워졌어. 음식마저도 산업화되어 우리는 공장에서 만들어진 가공식품을 점점 더 많이 먹고 있지. 지금은 사람들이 굶어 죽을 걱정을 하는 대신, 유혹적인 맛있는 음식들에게 살해당할 걱정을 하는 세상이야.

자연에서 온 식품도 모두 건강에 좋다고는 할 수 없지만, 애초에 소비자의 입맛을 사로잡기 위해 설탕과 지방, 온갖 화학적 첨가제가 들어간 가공식품이 훨씬 위험하지 않을까? 앞에서 살펴본 트랜스 지방 사례는 인간의 과학과 기술이 완벽하지 않다는 것을 보여 주고 있지.

학교 끝나고 편의점에서 과자와 아이스크림을 사 먹기 전에, 엄마에게 라면 끓여 달라고 떼를 쓰기 전에, 이 책을 기억해 주면 정말 기쁠 것 같아(라면과 과자는 가끔, 특별한 날에만 먹는 걸로!).

마지막으로 우리에게 생명을 나눠준 지구상의 다른 생명들에게 고마움을 느꼈으면 해. 음식과 나의 몸에 더 관심을 갖고 진지하고 소중히 대하다 보면 훨씬 더 건강하고 멋진 어른으로 성장할 수 있을 거야.

임지원

사이언스 틴스 12
궁금했어, **영양소**

초판 1쇄 발행 2023년 4월 25일
초판 2쇄 발행 2024년 6월 4일

글 | 임지원
그림 | 남동완
펴낸이 | 한순 이희섭
펴낸곳 | (주)도서출판 나무생각
편집 | 양미애 백모란
디자인 | 박민선
마케팅 | 이재석
출판등록 | 1999년 8월 19일 제1999-000112호
주소 | 서울특별시 마포구 월드컵로 70-4(서교동) 1F
전화 | 02)334-3339, 3308
팩스 | 02)334-3318
이메일 | book@namubook.co.kr
홈페이지 | www.namubook.co.kr
블로그 | blog.naver.com/tree3339

ISBN 979-11-6218-247-5 73590

값은 뒤표지에 있습니다.
잘못된 책은 바꿔 드립니다.

*종이에 베이거나 긁히지 않도록 조심하세요.
*책 모서리가 날카로우니 던지거나 떨어뜨리지 마세요. (사용연령: 8세 이상)
*KC마크는 이 제품이 공통안전기준에 적합하였음을 의미합니다.